特色博物馆之旅

郭之文

主编

上海科学技术文献出版社
Shanghai Scientific and Technological Literature Press

图书在版编目（CIP）数据

特色博物馆之旅/郭之文主编.—上海：上海科学技术文献出版社，2020 (2022.1重印)
（博物馆之旅）
ISBN 978-7-5439-8081-5

Ⅰ.①特… Ⅱ.①郭… Ⅲ.①博物馆—藏品—介绍—世界 Ⅳ.① G269.1

中国版本图书馆 CIP 数据核字 (2020) 第 046586 号

策划编辑：张　树
责任编辑：姜　曼
封面设计：留白文化

特色博物馆之旅
TESE BOWUGUAN ZHILV
郭之文　主编
出版发行：上海科学技术文献出版社
地　　址：上海市长乐路 746 号
邮政编码：200040
经　　销：全国新华书店
印　　刷：商务印书馆上海印刷有限公司
开　　本：720×1000　1/16
印　　张：12
字　　数：160 000
版　　次：2020 年 6 月第 1 版　2022 年 1 月第 2 次印刷
书　　号：ISBN 978-7-5439-8081-5
定　　价：58.00 元
http://www.sstlp.com

目 录
contents

一、博物馆的由来	001
二、中国第一座博物馆	008
三、传世珍宝	020
1. 越王剑	020
2. 铜奔马	024
3. 秘色瓷	029
四、特殊博物馆	036
1. 钻石博物馆	036
2. 老枪博物馆	038
3. 美容美发博物馆	042
4. 博物馆里的生活器具	048
五、形形色色的北京博物馆	054
1. 北京石刻艺术博物馆	054
2. 北京古代建筑博物馆	065
3. 古陶文明博物馆	071
4. 青铜生活	076
5. 城市的记忆——首都博物馆	083
6. 北京扑克博物馆	097
7. 北京通信电信博物馆	099
8. 北京大学赛克勒考古与艺术博物馆	104
9. 北京服装学院民族服饰博物馆	112
10. 北京自然博物馆	117
11. 北京戏曲博物馆	129
12. 北京艺术博物馆	135
13. 京城百工坊	138
六、生态博物馆	149
七、数字博物馆	157
八、绿色博物馆	163
1. 自然景观	164
2. 人文景观	167
九、扶桑文明	172
十、博物馆的爱好者	183

博物馆的由来

史树青老先生，国家文物鉴定委员会副主任、国家博物馆研究员，他从事博物馆专业工作已经超过半个世纪了。1947年，他就来到北平历史博物馆工作，没想到一干就是60年，退休后他还经常去博物馆鉴定东西。

在博物馆工作了一辈子，他觉得这工作太有意思了，归纳起来就是四个字：鉴物鉴人。"我在历史博物馆工作，先说鉴物，看到的东西也太多了。咱们中华人民共和国成立以后，民间收藏捐献的文物以及献给国家或国家公开做发掘工作得到的流散文物、出土文物很多很多，源源不断地进入博物馆，博物馆的收藏可以说是空前绝后，太伟大了。刚进博物馆工作的时候，我没感觉到有这么繁荣，如今博物馆事业可是繁荣时期。"

那么，人类当初是怎么想起来要建博物馆的呢？他们为什么会想到要建立博物馆呢？

曾任中国博物馆学会理事长的马自树先生解释道："人有个情结，就是怀旧情结。有的东西，比如现在我用的这个杯子，可能很多时候我不当它是回事，但如果这个杯子用得只剩下一件的时候，就变得很重要

鹳鱼石斧图彩陶缸

新石器时代仰韶文化(公元前5000—公元前3000),高47厘米,口径32.7厘米,1978年河南省临汝县阎村出土,中国国家博物馆藏

了。我就会留好收好，把它收藏起来，这成了一种非常重要的见证、一种纪念。所以博物馆收藏的东西是从个人的、人们的收藏开始的。"

博物馆的由来最初萌发于人们的收藏意识。在4 000多年前，埃及和美索不达米亚的统治者就注意寻找收藏珍品奇物。

公元前4世纪，马其顿的亚历山大大帝在建立地跨欧、亚、非大帝国的军事行动中，把搜集和掠夺来的许多珍贵的艺术品和稀有古物交给他的教师亚里士多德整理研究。亚里士多德曾利用

四羊方尊

商（公元前17世纪—前11世纪），高58.6厘米、上口最大径44.4厘米，重34.6千克，1938年湖南省宁乡县出土，中国国家博物馆藏

这些文化遗产进行教学，传播知识。亚历山大去世后，他的部下托勒密·索托建立了新的王朝，继续南征北战，收集来更多的艺术品。公元前3世纪，托勒密·索托在埃及的亚历山大城建造了一座专门收藏文化珍品的缪斯神庙。这座缪斯神庙被公认为是人类历史上最早的博物馆。博物馆一词，也就由希腊文的缪斯演变而来。

与我们今天见到的博物馆不同，缪斯神庙其实是一个专门的研究机构，里面设大厅研究室，陈列天文、医学和文化艺术藏品，学者们聚集在那里，从事研究工作。传说在洗澡时发现了浮力定律的著名物理学家阿基米德以及著名数学家欧几里得都是在那里从事研究工作的。

缪斯神庙这座人类历史上最早的博物馆，在公元5世纪时毁于战乱。

现代意义的博物馆在17世纪后期出现。在18世纪，英国有一位内科医生汉斯·斯隆，是个兴趣广泛的收藏家。为了让自己的收藏品能够

旅觥

西周（公元前1046—公元前771），通高28.7厘米，全长36.5厘米，重7.55千克，1976年陕西省扶风县法门镇白家村出土，陕西省周原博物馆藏

永远"维持其整体性、不可分散",他决定把自己的将近 8 万件藏品捐献给英国王室。王室由此决定成立一座国家博物馆。1753 年,大英博物馆建立,它成为全世界第一座对公众开放的大型博物馆。

1946 年,国际博物馆协会在法国巴黎成立。1974 年协会对博物馆进行了明确的定义,公益性成为它的首要职责。

从 1977 年开始,国际博物馆协会把每年的 5 月 18 日确定为"国际博物馆日",并且每年都会确定一个主题,比如"博物馆——沟通文化的桥梁"等。

无论以前人们曾有过多么辉煌的文明,都无一例外地将被历史的烟尘所湮没,人类在不断地创造着文明,文明却无法永生——这是永恒的法则。但是,我们仍然可以通过某个途径去寻找这些文明的踪迹,这个途径就是博物馆。

那么,全世界大概有多少个博物馆呢?

马自树告诉我们,数字很难确定,"有些发达国家有很多博物馆,美国有一万七千多个博物馆。这个数字不是很准确。就连美国自己也很难统计,因为有些博物馆是私立博物馆,私立博物馆的规模很小,所以它是否被统计进去就很难说了。但大致来说,美国的博物馆比较多,有一万七八千家"。

那咱们中国有多少个博物馆呢?

"中国的博物馆现在发展得很快,经国家统计有两千两百多座,这是全国性的。"

坦率地说,我们中国人并不特别热衷于进博物馆参观,曾经看到过一个调查数字(估计会让两位老博物馆专家有点伤心),是一份来自天津的资料,说一家博物馆和一家歌舞厅是一墙之隔,在同一个调查单位时间之内,进歌舞厅的是 200 多人,进博物馆的仅 3 个人。相信这个数据没有夸张,真实情况应该就是这样的。为什么我们不了解博物馆?为什么我们没有爱上博物馆呢?

史树青："这与个人的修养、个人的感受有关。偏重于上歌舞厅的,对文物知识、历史知识、文化修养也许只是偏重于文化艺术方面,但对历史文物的修养却不太够。"

马自树："我记得大英博物馆有一位馆长说过,去博物馆不是件很轻松的事,去博物馆是一种艰辛的学习过程,是要花力气的,不花力气是得不到任何东西的。这句话是有道理的,所以有的家长带小孩来之前自己要做很多准备功课,这样到博物馆参观的时候,才能很好地给小孩灌输一些背景知识,然后很好地讲解给孩子听。"

确实，如果我们进了一间屋子，发现它只是摆着一些坛坛罐罐，也许会觉得没有什么可看的，扭头就走了，但如果了解一些那段时间的历史，知道这背后的故事，它们就变得有意思了。那么，博物馆到底能够带给我们什么东西呢？

马自树："人是需要体验、需要感知、需要交流的。这些生动的带有感情色彩的物品在我们身边，甚至可以近距离地接触，这是不可多得的机会呀，所以我们有时候看博物馆很感动，为什么感动？我看到《清明上河图》了，那是宋代人画的画，那种繁华现在是不可想象的，而我看到了，这就是不可多得的机会。面对着物品的时候，能够感到自己与我们的先人接近了，碰撞了，能够交流了，这是很重要的。没有这种体验就体会不到历史感，就没有一种文化的厚重感。"

史树青："图书馆、博物馆，这是一个国家必备的。它们是判断一个国家文明程度的重要标志。"

马自树："很多国家是这样的，其他国家领导人来了，就请去国家博物馆参观。为什么参观？就是让对方了解这个国家是怎么发展的，有过怎样辉煌的历史。"

彩绘杂技乐舞陶俑

这组彩绘杂技乐舞陶俑，构成了一组完整的舞台演出场面，在迄今所发现的同类艺术品中，属于年代最早的一件。它集舞蹈、音乐、杂技于一体，再现了当时风行的"百戏"演出时的场景

中国第一座博物馆

中国第一座博物馆是由清代状元张謇一手创立的。

1894年，41岁的张謇中了状元，而就在1895年，张謇金榜题名的第二年，甲午战争后，清政府与日本签订了丧权辱国的《马关条约》，这极大地刺激了这位清末状元，他在日记中写下了"几罄中国之膏血，国体之得失毋论矣"，以抒发心中的悲愤与忧虑，张謇决定开始自己的实业救国之路，他创办了以大生纱厂为代表的一系列近代工厂，状元办厂成为中国历史上前所未有的壮举。

在创办实业的同时，张謇也致力于教育：开办师范、商业与医学等专业学校。他强调学生应到自然中去学习。为了便于学校师生观摩研究，张謇决定筹办一所博物馆。1905年1月14日，"南通博物苑"破土动工。从那一天起，中国的博物馆开始了百年之旅。

从第一座博物馆到国家博物馆

中国历史悠久，是世界上唯一一个文字记载和实物记载都没有断层的文明古国。尽管中国人早就有收藏整理古物的传统，却从来没有一个国立公共博物馆。

伯矩鬲

西周（公元前1046—公元前771），高33厘米，口径22.9厘米，重7.55千克，1975年北京市房山县（今房山区）琉璃河出土，首都博物馆藏

曾侯乙编钟及局部

钟体为铜木结构，由两列三层漆绘木质横梁连接成曲尺形，横梁两端装饰有浮雕及透雕龙纹或花瓣形纹饰的青铜套。中下层横梁各有3个佩剑铜人分别用头、手顶托，并通过横梁的方孔以及子母榫牢固衔接，在中部，还各有一铜托承托横梁以加固

特色博物馆之旅

MUSEUM APPRECIATION

1911年,一个历史性转折,这一年,只有6岁的溥仪惊恐地看着一道道大门被关闭,中国延续了2000多年的封建帝制宣告结束。重视科学民主的新民主主义革命的曙光终于照耀了这个古老的国度。作为人类文明的标志,一座现代意义上的博物馆,在中国诞生了。

1912年6月,当时南京临时政府教育总长蔡元培提出筹建历史博物馆。7月9日,中国第一座历史博物馆筹备处正式成立。

然而在风雨飘摇的乱世,它能否有生存的空间?不久之后,袁世凯复辟帝制,登基称帝,刚萌芽的新民主主义曙光瞬间被扑灭。博物馆筹建工作停了下来。

直到1917年段祺瑞政府上台,博物馆的筹建工作再次启动,并且把博物馆的地址定在了今北京故宫博物院午门至端门一带。中国第一座博物馆建在了过去皇宫的正门。

转眼到了1926年,馆藏已经有21万件,太平天国玉玺、明代针灸

编钟架下层长架右端铜人柱

佩剑铜人身着长袍,腰部束带,面容肃穆,立于铜质雕花圆形跗座上,是青铜人像中难得的佳作

铜人等国宝都在这几年被历史博物馆收藏。历史博物馆终于准备开馆了。

但是开馆日期临近，经费却一直没有着落，历史博物馆再次面临艰难窘境。文化的发展首先要求社会稳定、国力强盛，饥民遍地的国家哪有博物馆的一席之地。最后在实业家洪业先生的捐助下，1926年10月10日，历时14年的筹备，几度沉浮的历史博物馆得以如期开馆。那一天盛况空前，中国百姓对第一座博物馆表现出了空前的热情。

中华人民共和国成立后，中央人民政府接管了包括历史博物馆在内的25家博物馆。1958年，毛泽东在视察博物馆时指出："让人民认识自己的历史和创造的力量是一件很要紧的事。"同年，党中央决定在首都天安门前建立中国历史博物馆和中国革命博物馆。1959年，历史博物馆改名中国历史博物馆，新馆名列当时北京的十大建筑之一。

由周恩来总理亲自负责的"中国通史陈列"，在中国历史博物馆推出。从170万年前的元谋猿人化石、新石器时代的彩陶、玉器，到商代的青铜器后母戊鼎、四羊方尊，色彩斑斓的唐三彩……犹如一颗颗耀眼的明珠，汇成了中华文明的浩瀚银河。

2003年2月28日，中国历史博物馆和中国革命博物馆合并，组建了中国国家博物馆。2011年，中国国家博物馆以崭新的姿态对外开放，成为集文物征集、考古、收藏、研究、展示于一身，历史性、文化性、艺术性兼备的世界一流的国家博物馆。

国宝：曾侯乙编钟

东经113°41'~115°05'，北纬29°58'~31°22'，像一只自西向东飞舞的蝴蝶，武汉城市的历史最早可以推及距今约3 500年前的商代方国宫城。蜿蜒而过的长江，使这座城市变得雄浑大气。

当你走进湖北博物馆，曾侯乙编钟就能让你彻底领略楚文化的磅礴之气。

那是1978年的一次震惊世界的发现。

三轮铜盘

春秋(公元前770—公元前476),高15.8厘米,盘径26厘米,1957年
江苏省武进县(今武进区)出土,中国国家博物馆藏

  65个青铜的编钟整齐地挂在木头的钟架上,仿佛刚刚被埋入地下。这是世界考古史上绝无仅有的一幕,也是湖北随州擂鼓墩古墓出土的最瑰丽的珍宝。

  曾侯乙编钟由65个钟组成,总长度超过10米。编钟分三层,每层的钟形态各不相同,最上面的一层叫钮钟,中间及下一层的叫甬钟。编钟的大小差异很大,最轻的一件只有2.4千克重,最重的一件203.6千克,整套编钟的总重量有5吨。钟架上有佩带宝剑的青铜武士,忠心耿耿地托着挂钟的木梁。编钟上刻着3 000多个漂亮的中国古文字,包括对编钟的编号、记事、标音以及乐律。那么,是谁,拥有如此豪华优雅的编钟乐队呢?

  考古工作者发现了一只名为镈的大型钟,上面注有铭文,内容是说楚惠王五十六年,也就是2 000多年前的公元前433年,楚惠王从西阳返回,为曾侯乙做了这件镈钟,送到西阳让曾侯乙永世享有。这些文字揭开了墓主人的神秘面纱,也就是说古墓的主人叫乙,是楚国的诸侯国曾的国君。

在古代中国，钟和鼎的含义是一致的，都是象征王权的重要礼器。因此，曾侯乙去世后，随葬品中是一定有这套象征权贵的大型编钟的。

可是，考古工作者发现，一般的钟都是圆形的，可编钟却都是扁的，而且很多钟上还有一个个凸起，这是为了美观还是另有他用呢？

通过研究，物理工作者们发现，编钟包含了丰富的物理知识。扁的钟具有双音性质，音域中的音高与现代物理音高十分接近，只比现在钢琴的高低音部各少一个八度。而钟上的凸起叫作钟枚，对声音能起到滤波的作用，使演奏时不会产生过长的回音。

1997年谭盾指挥的《天地人》音乐会，编钟也在演奏乐器中。我们可以想象这穿越时空的乐音让古人和今人产生了深切共鸣，余音袅袅……

文物的级别

我们民间平时有个说法，说是谁家里要有个好东西，那就是镇宅之宝。据说，各个博物馆都有镇馆之宝。

马自树："是啊，后母戊大鼎就算是。"

后母戊大鼎只算镇馆之宝吗？也许它算是镇国之宝了。

马自树："镇国之宝，也是镇馆之宝。"

那我们的省级博物馆，它们的镇馆之宝一般来说，得是什么样的文物呢？

史树青："那起码得是一级品，一级品中，一级品上。数量不能太多，一级品就不少了。如果说一级品中好的，超过一级品的，就没法定了，就是一级品上了。"

那文物藏品的分级，比如一级、二级，又是怎么区分的呢？

史树青："国家文物局有定级标准，一级、二级、三级，这些都是珍贵的文物，三级以下是一般的文物。"

那么，是不是老东西，或者凡是老东西，就全算重要文物呢？

史树青："那是旧物啊，旧物不一定都是文物。潘家园卖旧物的，或者旧货市场上，是有很多旧物，但那不够文物标准，当然其中可能也有文物。"

珍贵文物分一、二、三级，那这一、二、三级又是怎么分的呢？

史树青："这个得根据专家经验了，有比较才有鉴别，经过比较之后，才能定它为一级、二级、三级，而且不是一个人定的，起码得三个人以上，意见比较一致，才能给它定一级、二级、三级，就跟评职称一样。"

马自树："文物有三个价值，历史价值、科学价值、艺术价值。起码得有这三个价值，当然还有别的一些价值。如果这三个价值特别重要，那就能算是一级文物；这三个价值重要，那么就是二级文物；比较重要的则属于三级文物。"

是否能举出几个大家都知道的一级文物的例子呢？究竟要到什么程度算一级文物？

马自树："像后母戊大方鼎当然算是一级文物了，而且是国家一级文物；《清明上河图》当然是国宝级的文物，也是一级文物；还有很多历史上的绘画，尤其是宋、元的绘画。当然宋、元以后的，比如说有很多明代的还有其他朝代的绘画也可以算。再有如瓷器，如果

银首铜俑灯

战国（公元前475—公元前221），通高66.4厘米，1977年出土于河北省中山王墓，现藏于河北省文物研究所

错银铜牛灯

东汉(公元25—220),通高46.2厘米,1980年江苏省邗江县(今邗江区)出土,南京博物院藏

有元青花的话，那大概也算是一级文物了，因为青花从元代开始的，元青花比较少，明青花比较多，但是明青花是青花发展的高峰，那都是非常珍贵的，那里边有一级，当然也有二级。"

史树青："以前古董铺的掌柜告诉徒弟们，说要赚钱，买宋、元。宋、元画很少，一级文物就是国宝，就可以镇馆了。"

如今听专家这么一说，会不会大家全都跑潘家园找宋、元绘画去了？

史树青："找去吧，现在报纸登了，潘家园天天都过愚人节。但是，智者千虑，必有一失，往往有漏捡。"

既然文物定级不能一个人说了算，得好些人说了算，那这些人又是

陶猴

西汉（公元前206—公元25），高14.16厘米，1979年陕西省西安市出土，陕西省西安市文物园林局藏

乐舞扣饰

西汉（公元前206—公元25），高12厘米，宽18.5厘米，云南省晋宁县石寨山出土，云南省博物馆藏

怎么组合在一起的呢？这种判断的工序、这个委员会的构成又得是什么样的呢？谁说了算？

史树青："每个单位都有鉴定小组，国家有国家文物鉴定委员会，这都不是靠一个人，可以说是群言堂，不是一言堂，一批文物需要经过很多专家评估。"

马自树："各馆有鉴定专家，有鉴定小组，一般各个省里也有鉴定委员会，最高级别是国家鉴定委员会，一些重要文物的定级，都要经国家鉴定委员会确认才可以。"

史树青："国家文物鉴定委员会分若干组，有书画组、青铜器组、工艺品组、瓷器陶瓷组……"

史树青老先生则是全面照顾，哪一组都管，所以人家都夸他是多面手，"面非常宽，是通家"，他自己则谦虚为"其实我是略知一二"。

传世珍宝

1. 越王剑

1965年12月，在湖北江陵望山的一号楚国贵族墓里，考古工作者发现了一柄装在黑色漆木鞘内的青铜剑。这把全长为55.6厘米的剑，剑身布满黑色菱形花纹，剑格正面和反面还分别用蓝色琉璃和绿松石镶嵌成美丽的纹饰。

谜团

这是谁的剑呢？在场的人都

越王勾践剑

通长55.6厘米，剑身满饰黑色菱形几何暗花纹，剑格正面和反面还分别用蓝色琉璃和绿松石镶嵌成美丽的纹饰

认定是墓主人的剑，但剑身上的8个鸟篆铭文却很快否定了这个结论，其中6个字被考古学家当场认出是"越王自作用剑"，中间2个代表越王名字的篆字虽然清晰可见，但谁都没认出来。

也就是说，这是一把越王剑，可历史上越王共有5位，这是哪一位的剑呢？

为什么越王的宝剑会在楚国大夫的墓里出现？

寻找答案

为什么没有锈？

历经2 000多年，这把剑依然锋利如初，毫无锈蚀，轻易就划破了16层纸。曾在上海博物馆工作的谭德睿对这个现象十分感兴趣。

在通过3 000倍的放大显微镜的观察后，谭德睿从1%毫米厚度的金属表层发现了化学处理痕迹。原来这把剑被镀过硫化物，这就是它千年不腐的秘密，而这项技术西方在20世纪30年代才被人发现并开始使用。

谁的剑

剑的主人究竟是谁呢？

方壮猷是当时考古的负责人，他将剑上的文字拓片通过邮寄的办法寄给了当时中国的甲骨文、金文研究的专家们。

郭沫若认为是"邵滑"，但又不是特别肯定，而著名的金文研究专家唐兰却认为这两个字是"鸠浅"。

公元前494年，吴国和越国的军队曾进行过一场生死搏杀，越军大败。在献上了绝世美女西施后，越国的国王勾践成了吴王夫差的马夫。卧薪尝胆、忍辱负重20年后，勾践回到越国。他任用贤臣，发展生产，东山再起，用了9年时间灭掉了吴国，并成为春秋时期最后一名霸主。"鸠浅"就是这位卧薪尝胆的越王勾践的名字。

这把剑就是这位春秋霸主的王者之剑。

越王州句复合剑

通长53.5厘米，身宽5厘米，格宽5.5厘米，茎长9厘米，重745克。剑作宽从厚格式，中起脊线，刃薄而锋利；剑格作倒凹字形，两面均铸有鸟篆铭文；圆茎上有两凸箍，箍上有凸线勾连云纹，并镶有绿松石为饰

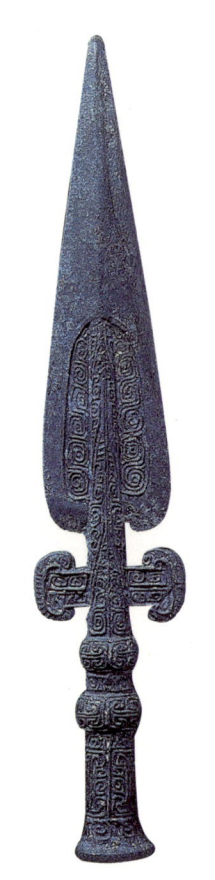

越王不寿剑

长69厘米，格宽4.6厘米，茎长9.6厘米，重1 050克。此剑是迄今为止发现的唯一越王不寿剑，系孤品

云雷纹有翼剑

西周中晚期，通长26.4厘米，两翼宽5.2厘米，銎口宽2.9厘米，重240克。剑呈无格叶片式

未解之谜

可是，勾践的佩剑又为什么会出现在楚国贵族的墓里呢？是勾践之女嫁到楚国时的嫁妆？还是墓主人在楚国灭越的时候得到了楚王的赏赐？古人又是采用何种技术铸造出剑柄上那些间隔比头发丝还细的同心圆呢？一个个疑问依然深深地吸引着今天的人们。

像这样的一级文物，成了省级博物馆的镇馆之宝，这东西得值多少钱呀？

史树青："很难说，我告诉你一件事，文化部市场司曾经想成立一个艺术品鉴定委员会，把文物叫作艺术品，想给艺术品做评估，但后来没成立，因为很难。哪怕是拍卖公司，要卖一件东西，评估工作也很难。"

那是不是可以这样判断，比如说在拍卖会上，哪件东西拍得价格高，哪件东西就有更高的文物价值呢？

马自树："这个也很难说，当然这个可以作一般的参考，但是市场这个东西靠不住，它有的时候跟人们的收藏风尚有关系，比如外国的油画到了中国，它的价格就没有在外国高；中国的绘画到外国去，也没有在中国的本土拍得高。人的喜好、人的时尚、人的审美情趣都不太一样。但是价格可以作一般的参考，要想真正从它的历史价值、艺术价值、科学价值去考虑的话，很难，这要考虑到这件作品的本土意识。有的藏品在本国、本民族才有很高的威望，但是到别的地域它就不一定有相同威望，一般来讲，绘画应该在自己的国度，才能真正评判出它的价值。"

是不是只有外国文物才这样呢？

史树青："不光是外国的，中国文物也是这样。中国文物就拿近代来说，直说吧，启功先生是我的老师，他的字在北京能卖很多钱，在上海就卖不上去，好比在北京卖 2 万元钱，在上海就卖 1 万元钱，拍不上去。沙孟海的字在上海、杭州能卖很多钱，在北京也上不去，这价格和地域很有关系。"

由此可见，标价不是唯一的判断标准，事实上可能真正的珍贵文物就没有价钱。

就文物买卖来说，又有哪些规定呢？

马自树："国家对文物买卖有规定，比如说出土文物是属于国家的，一律不准买卖；博物馆的文物不准买卖；已入藏的不准买卖。传世的文物，自己的或私人的则可以。比如你家里祖传的旧物就可以卖，但要到正规的文物商店，或到正规的拍卖公司

鎏金菱片纹剑

战国，通长43.8厘米，格宽4厘米，茎长8.2厘米，重300克。此剑剑身饰满鎏金菱片纹，菱片作一横一竖呈规律性地连续排列，动感十足

越王者旨於睗剑

通长64厘米，宽4.7厘米，重1 000克。剑前锷略有弧曲，茎作实心圆柱形，格宽而厚。剑格两面共有铭文8字，一面为"越王者旨"；另一面为"越王於睗"

去卖，这是可以的。"

史树青："不但文物保护法这么规定，宪法也这么规定，地下、水下、矿山，都是全民所有，宪法都规定了，文物保护法是根据宪法来的，很对。"

2.铜奔马

1969年，甘肃省武威县的农民在位于城北2 000米处的雷台祖庙挖战备地道时，无意中发现了一座古墓。

甘肃雷台古墓出土了文物铜奔马。

现场的人们惊异地看到，在砖铺的地面上，放着一堆奇怪的车、马和小人。所有东西上面都有一层厚厚的绿锈，拿在手里沉甸甸的。

最引人注目的是一匹与众不同的马，所有见到它的人都感叹于它奇异的美丽。这是一匹正在急速奔跑的骏马，它的一只蹄子踏在了一只飞鸟上，飞鸟惊讶地扭转头。一个梦幻般的瞬间，飞逝成为永恒。

1971年9月，著名的古文字学家和历史学家郭沫若见到了这匹铜奔马，他惊讶于这无可挑剔的形体、生动的姿态以及完美的平衡感，并为它取名"马踏飞燕"。

铜奔马

东汉（公元25—220），高约34.5厘米，长45厘米，1969年甘肃省武威市出土，甘肃省博物馆藏

铜轺车

东汉(公元25—220),通高约44厘米,运马通长约55厘米、车宽41厘米,1969年甘肃省武威市灵台汉墓出土,甘肃省博物馆藏

　　1973年,这匹马在英、法两国展出,引来了世人的瞩目。从此,铜奔马进入了人们的视线,引起了人们浓厚的兴趣。

　　铜奔马为什么顺拐?

　　铜奔马一足踏鸟背,另外3条腿都腾跃在空中。令人吃惊的是它同一侧的2条腿同时向一个方向腾起,通俗地说就是"顺拐",这在一般马的奔跑中是看不到的。于是有人认为这是传说中的神马,根本不可能在现实生活中存在。难道这就是传说中的"天马"?

　　但也有专家认为,这种姿态有一个专门的术语叫"对侧步",是我国青藏高原所产浩门马、囊谦马的特殊步姿。这样迈步不仅速度快,而且使乘马者无颠簸之感,集速度和力量于一身,展现了马的全部优点,是中国人心目中最完美的马。

　　铜奔马蹄下的鸟究竟是什么鸟?

　　关于马的争论还没有结束,马蹄下的飞鸟又成了争论的话题。当年郭沫若一眼认定这只鸟是燕子,因此他取名"马踏飞燕"。可是细心的人却发现,这只鸟的尾巴几乎是方形的,不像燕子,倒更像乌鸦;还有人则认为这是一只游隼,一种小型的鹰。这种既像鹰又像燕子的鸟,有着相当快的飞行速度,特别是在俯冲时,时速竟能达到289千米。而飞

鸟出现在马足下,无疑正反衬出奔马飞驰时的迅疾。

虽然各种争论还在继续,但铜奔马以其大胆的想象和天才的塑造手法,为世界留下了一件罕见的艺术品。

1983年10月5日,国家旅游局正式发布公告,确定铜奔马为国家旅游标志。2002年初,铜奔马因其珍贵而被确定为禁止出国(境)展览的文物。

铜车马

秦（公元前221—公元前206），通长3.17米，高1.06米，1980年陕西省临潼县（今临潼区）秦陵出土，陕西省秦始皇帝陵博物院藏

前一段时间，曾经起过一个争执，事情起因于在吉林出土了一个估计是1898年美国产的老蒸汽火车的车头，据说现在是历史上排行第二的蒸汽火车的车头。然后两方就起了争执，一方是吉林当地的文物部门，认为这应该归他们所有；而中国铁道部门，认为这应该是铁道

部门的，因为这是中国早年的火车，应该归他们所有。那么，文物的出土地点跟文物的馆藏地点，这个所有权之间有些什么样的规定呢？这两者是一致的吗？

马自树："这两个有一致的，也有不一致的，这要视情况而定。一般来讲，就文物的价值、研究而言，应该放在本地为好，所以有的文物出土之后，会就地盖博物馆。比如兵马俑发现后，就建立起兵马俑博物馆来保存这些文物，给人一种现场感，不需要挪动，而且它是一个整体，放在一起也是很大的气势。不分散，这对保护文物本身也好，对文物的研究也好，对人们参观欣赏也好，都是很有意义的事情，像这类的出土文物应该放在本地保存，偶尔也会有几件拿到北京展示一下，这是可以的。"

兵马俑既是如此重要的文物，但却不会因为它的重要就把它拉到北京去，而在它的出土地点保存，让它的出土地和馆藏地得到统一。

马自树："这是第一。第二呢，就是有的地方出土的文物，它对本地的科学研究作用不是特别大，而这个文物又很重要，有的大馆，比如说省级馆，或者国家的博物馆，它需要收藏比较重要的文物，就会由大馆来收藏。比如国家博物馆在北京，它的地下没有可以挖掘的东西，它的收藏品只能来自全国，因为它代表的是全国。"

史树青："1959年，中国历史博物馆建馆的时候，调集了全国出土的重要文物，那时候全国就一盘棋，全国服从中央，送来了上万件东西。因此，出土和馆藏就不再是一个地方了。"

虽然出土文物不能买卖，就算有人敢买，也带不出去，但大多数文物却完全可以任意出国展出。不过也有些东西，即使是办展出，也不能随便流动。

马自树："国家文物法规定，特别稀有的、特别脆弱的、特别珍贵的文物是不许出国的，国家文物局前两年搞了一个不许出国（境）展出名单。比如说，《清明上河图》就不允许展出，因为书画很脆弱；还有如

鎏金铜马

西汉（公元前206—公元25），长76厘米，高62厘米，1981年陕西省兴平县（今兴平市）出土，陕西省茂陵博物馆藏

展子虔的《游春图》，这是馆藏的最早的一幅画，它就不能展出。像铜奔马，也不让出去，因为它是特别珍贵的东西，是孤品。特别脆弱的孤品是不让出去的，这是保护文物的需要。因为出去就有风险，一旦风险来了之后，损失了之后，任何金钱都是无济于事的，所以这是保护国家的文化，保护国家的国宝所必须要规定的政策。"

3. 秘色瓷

关于秘色瓷的传说

在中国，瓷器之美一直被人称道。相传在唐代有一种精美绝伦的瓷器，除了皇室成员，其他任何人无权享用。它的名字就是秘色瓷。但是几百年来没有人确切地见过秘色瓷，也从未出现过一件被确凿认定的实物。于是有学者认为，秘色瓷就是越窑青瓷中的精品，秘色只是带有文学色彩的形容词，就是青色的意思。

发现秘色瓷

1987年的一天，陕西省扶风县法门寺的宝塔轰然倒塌了。考古学家们终于有机会探访宝塔下面那个传说中的地宫了。

很快，人们在塔基的正南面找到了进入地宫的通道，并在通道尽头发现了两块刻满汉字的石碑。考古人员逐字逐句地辨认石碑上的汉字，突然，3个字如闪电一般照亮了人们的眼睛——秘色瓷。这让现场的人们心头一震，难道在法门寺地宫里，竟有早已失传的秘色瓷？

经过几天的发掘，一件件瓷器呈现在人们眼前，湖水般的瓷釉玲珑剔透，如冰似玉，尘封千年仍旧莹润如新，这就是秘色瓷。文字记载与实物严格对应。从此，秘色瓷不再只是一个神奇的传说，而是真实的存在。

越窑秘色瓷花口盘

唐（618—907），高6.2厘米，口径24.5厘米，底径9.5厘米，1987年陕西省扶风县法门寺地宫出土，法门寺博物馆藏

越窑秘色瓷花口盘

唐（618—907），高4厘米，口径25.3厘米，底径14.5厘米，1987年陕西省扶风县法门寺地宫出土，法门寺博物馆藏

越窑秘色瓷花口双蝶纹盘

北宋（960—1127），高5.1厘米，口径16.4厘米，足径10厘米。内蒙古哲里木盟（今通辽市）辽陈国公主墓出土，内蒙古自治区文物考古研究所藏

真的是越窑烧的吗

这些秘色瓷又来自何方呢？是千里之外的越州窑烧制的吗？它是青瓷中的精品，还是有什么特殊的工艺技法？就在秘色瓷器昭然于天下时，关于它的前世今生又成了新的疑问。

找到证据

人们很快找到了一些答案，在出土的秘色瓷中有一件与越窑出土的一件瓷器器形一模一样，最重要的是它们底部都有一圈点状的支烧痕迹。在经过对比判断后，学者们一致认为秘色瓷确实是越窑烧制的。

与青瓷的区别

它们真的是青瓷中的精品吗？如果是，那就意味着它跟一般青瓷一样，用同一种胎料、釉料，放在同一窑炉中烧制，只是在开窑后，选择质量较高的冠以秘色瓷的称谓。真的是这样吗？

现代科技即将揭开这个谜团。经过射线照射，每一种物质都会发出自己特有的射线，测量这些射线，就能知道这种物质的组成元素和含量的多少。对比两种瓷器照射的数据，就应该能够得到答案。

证实

最终数据显示，秘色瓷的胎料成分和青瓷有明显区别。也就是说，作为皇家专用品，秘

秘色瓷八棱净水瓶

唐(618—907)，通高21.5厘米，口径2.2厘米，1987年陕西省扶风县法门寺地宫出土，法门寺博物馆藏

越窑秘色瓷花口碗

唐（618—907），高9.4厘米，口径21.4厘米，足径9.9厘米，1987年陕西省扶风县法门寺地宫出土，法门寺博物馆藏

色瓷的确使用了一种特殊的釉料，是不同于青瓷的一个新的瓷器品种。可让这瓷器温润如玉的特殊釉料究竟是什么，仍然是个谜。

一般而言，我们在博物馆里面看到的那些非常珍贵的馆藏文物，是原件，还是复制品？

马自树："大多数是原件，特别是一些大馆，中国国家博物馆、北京故宫博物院、上海博物馆，像这些代表国家、代表地方形象的大馆，它应该展出原件，给人以真实感。复制品毕竟是个赝品，赝品给人的感觉是不一样的，而且从博物馆的展出规则上说，博物馆必须得给人展出真品，这也是对观众负责的表现。但是也有很多情况，是不能够展示真品的，比如说有的馆的某些藏品，非常娇贵，非常脆弱，这种东西不能经常展出，它要有一个临摹品取而代之，比如把一幅画临摹下来，展出时代替一下。比如每天展出《清明上河图》，就是不可能的事情，它几年也不会展出一次的，可以放个复制品，但是要说明这个东西是复制品，不能以假乱真，

越窑秘色瓷莲花式碗托

五代（907—960），通高13.2厘米，碗高8.9厘米，口径13.8厘米，1957年苏州市虎丘云岩寺塔出土，苏州博物馆藏

要诚信,要对观众负责,告诉他们这是什么东西。再有一种情况,有的馆出去办展览了,去国外或者去国内其他博物馆展出了,现在馆里没有了,出现这种情况的时候,可以在那儿放个复制品,也要向观众说明这是复制品,代替一下,这是可以的。但对于中国国家博物馆、北京故宫博物院来讲,就不应该放这种东西。"

《清明上河图》究竟为什么不能经常挂出来给人看呢?是因为挂出来它会坏了吗?

越窑秘色瓷莲瓣形盘
唐(618—907),高4.5厘米,口径20.1厘米,底径9厘米,1987年陕西省扶风县法门寺地宫出土,法门寺博物馆藏

史树青:"褪色,伤绢丝,绢质地容易受伤。"

看来,保护国家文物对环境有非常严格的要求。

马自树:"光线、温度、湿度,整个环境,对它来讲非常重要,很多大馆展示绘画时需要特别的条件,需要什么样的湿度、什么样的温度,都有严格的规定,然后调节,控制恒温、恒湿来保存它。"

史树青:"《清明上河图》打开一次,绢丝就容易折,因为是宋朝的绢,绢就会断丝,对绘画有伤害,所以不能经常陈列,还得收藏起来。"

这就和敦煌的好多窟,至今一般都不让人进去是同理。即使进去了,里面是黑的,不许打灯,因为只要有光线的照射,壁画就会越来越淡,最后褪没了。

马自树:"像丝织品、书法、绘画这类东西,十分娇嫩,要有非常好的条件来保护它。其他的东西好一点,但是像竹木器也有要求;铜器也是如此;瓷器问题不大,受影响小一点。所以办博物馆时,这些条件要求得非常严格,要保存好我们的国宝,要保存好我们祖先的创造。所以对博物馆,大家要理解它,支持它,道理就在这儿。"

《清明上河图》

宋代张择端,是一幅绢本设色长卷,高24.8厘米,长528厘米,描绘的是北宋都城汴京在清明时节的繁华热闹的景象。清明上河是当时的民间风俗,如同今天的节日集会,人们进行商贸活动

特色博物馆之旅

MUSEUM APPRECIATION

四 特殊博物馆

美国著名的作家海伦·凯勒在《假如给我三天光明》中说，其中一天她要去参观博物馆，看"人类进步所走过的艰难曲折的道路"，看"历代的兴衰和沧桑之变"。博物馆不仅给海伦·凯勒，也给大家留下了昨天的脚印、今天的镜子和明天的根基。

1. 钻石博物馆

在南非中部，小城金伯利因出产钻石而闻名于世，自然，这里少不了一座钻石博物馆。博物馆的展室里，展出了一些世界上著名的钻石，不过，它们是仿制品。金伯利发现的这颗"卡利南"钻石，重达

卡利南钻石

"卡利南1号"，又称"非洲之星"，重达530.2克拉。英王室为显示其权势，将这颗巨钻镶嵌在1661年制作的象征英王权势的权杖上。"卡利南2号"重达317.4克拉，被镶嵌在皇家帝国皇冠上，英国女王佩戴它出席每年的英国议会开幕式

"卡利南5号""卡利南7号""卡利南8号""卡利南9号"，也被镶嵌在属于英王室的珠宝上

3 106克拉，是世界上最大的钻石，它的原件被切割成105块饰品，其中2颗镶嵌在英国国王的王冠上，另外7颗被英国王室和南非的第一任总统博塔家族收藏，其余的96颗下落不明。

当人们带着爱意、虚荣心、满足感或其他任何情绪欣赏钻石的无瑕光彩时，未必知道隐藏在它背后的秘密。

英王权杖，于1661年英王查理二世举行加冕典礼时制成，中间那颗水滴形状的钻石就是从"卡利南"钻石分割出来的当时世界第一大钻石"非洲之星1"，它是在1910年被加镶上去的。

世界上第二大钻石是从"卡利南"钻石上分割出来的"非洲之星2"，它被镶嵌在英帝国王冠上。那颗举世闻名的"黑王子"红宝石就位于它上方。据说它曾经救了英王亨利五世一命。

名为"世纪"的钻石于戴比尔斯公司成立100周年之际，在金伯利矿馆中被发现，它是当时世界上的第三大钻石。

金伯利的博物馆，不仅收藏了钻石，还收藏了南非的采矿历史。市区西边的大坑，就是1871年第一次开采钻石的地方。从此，大批欧洲采宝人无法抗拒钻石的诱惑蜂拥而至。1880年一个叫郎德的英国人在南非创办了戴比尔斯公司。到1899年，戴比尔斯公司就完全控制了世界大部分钻石市场，开创了现代钻石业的新纪元。20世纪，"钻石恒久远，一颗永流传"这句广告词，一度风靡世界。

天然彩钻

传统上，钻石以不含任何颜色的透明色泽为佳。在钻石中也有很多呈现不同的颜色，巧妙利用，便可镶嵌出非常漂亮的各种饰物，所以，有颜色的钻石也颇得人们青睐

在金伯利的中央花园里，稀少的游客使这座小城显得分外安静。那些几乎与地球同龄的石头就是在这里冲破岩石的束缚，走出黑暗的矿井，在被无数劳动者的双手传递之后出现在人们的面前，它们晶莹剔透，光彩照人，每一次不经意的闪烁，都能够穿透人们的心灵。

2.老枪博物馆

1956年2月8日，上海卢湾公安分局得到一把小手枪。这是一把1906年比利时制造的3.5毫米口径的勃朗宁手枪，一次可装6发子弹，最大射程30米，枪身编号464550。这把枪的主人是我国民主革命的先行者孙中山先生。如今，这把手枪作为国家一级文物，被珍藏在上海公安博物馆内。

孙中山用过的手枪

这是一把1906年比利时制造的3.5毫米口径的勃朗宁手枪，一次可装6发子弹，最大射程30米，枪身编号464550

这家博物馆一共收藏了来自世界17个国家的238支枪，每支枪都有确切的档案记录。

生活在和平年代的人们难得一见真枪实弹，所熟悉的不过是电影、电视中看来的那些武器，像什么"三八大盖""王八盒子""歪把子机枪"之类，这些枪究竟什么样，到

长枪管型M1908 9毫米巴拉贝鲁姆工艺手枪

德国巴拉贝鲁姆手枪，1902年由乔治·卢格设计成功。1908年8月22日，德国陆军正式采用，命名为M1908式巴拉贝鲁姆手枪，简称"P08式手枪"

以色列50AE沙漠之鹰手枪

沙漠之鹰是以色列军事工业公司的知名产品，问世已30余年。1996年，为了让沙漠之鹰进一步成为运动手枪，以色列军事工业公司设计推出了50AE子弹的沙漠之鹰。这也使得沙漠之鹰成为世界上威力最大的半自动手枪

德国毛瑟M1896式7.63毫米自动手枪

德国毛瑟厂在1895年12月11日取得专利，次年正式生产。早期型号为M1896式半自动手枪，采用弹仓供弹，弹仓容量10发。枪结构牢靠、射击准确、威力大

王八盒子

学名大正十四年式手枪，十四年式手枪枪形很像德国7.63毫米毛瑟驳壳枪，而后者因有一木盒装枪，被称为"盒子枪"，因此，日本侵略者使用的、样子酷似盒子枪的十四年式，就被中国军民戏称为"王八盒子"

捷克0.38特种枪弹口径的panda左轮手枪

捷克布罗纳公司推出的0.38英寸（约9.65毫米）特种枪弹口径的左轮手枪中的一种，枪管长63.5毫米

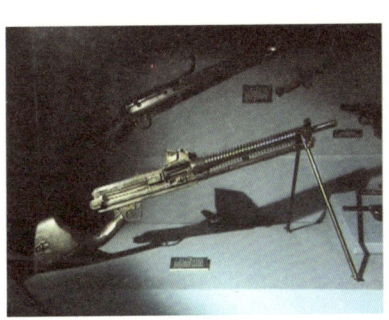

歪把子机枪

这是日本南部大正十一年式轻机枪，是日本人在1922年研制的，子弹与三八式步枪通用，因其枪托弧形折向一边故称"歪把子"机枪

了这家博物馆就都清楚了。所谓三八大盖，学名应该叫作三八式步枪，因为它是日本明治三十八年定型生产的；王八盒子的学名是大正十四年式手枪；日本大正十一年定型生产的十一年式机枪，中国老百姓管它叫"歪把子机枪"。

时为上海公安博物馆枪械专家的钱柏春告诉我们，为什么设计成弯的，什么道理呢？是为了便于瞄准射击，脸部可贴在上面，所以是弯的。这种枪的特点是不用弹匣，用弹斗，有专门压子弹的机关。

转轮手枪大家也很熟悉，它不需要上膛，拿起来就打，即使子弹瞎火，转过去了，也不影响继续射击，因此，这种枪最受刺客们的青睐。20世纪的100年中，先后有多位政界要人和社会名流遇刺，引人注目的是，凶手使用的都是转轮手枪。

博物馆中还陈列着很多设计奇巧的特种枪支。这种枪的枪管前端有一个消声器，开枪时发出的声音很小，因此被称为无声手枪。

有一种酷似烟盒的特种手枪，一次可装 7 发子弹。

而 6 支钢笔枪则都是世界名笔的外形，插在上衣口袋里，谁也不会想到那是杀人武器。

3 支竹节式手杖枪的外形上与一般竹节式手杖没什么差别，但它却是一种威力很大的特种枪，几十米内足以使人毙命。

曾经的上海黑帮林立，黄金荣、杜月笙等有什么样的防身武器呢？

黄金荣的三寸金枪折叠起来只有巴掌大小，装在像烟荷包一样的枪套子里，挂在腰间，非常隐秘。

杜月笙 14 岁到上海，在一家水果店做学徒，练就了一手削梨的好功夫。平时，他总喜欢把玩一把削梨用的水果刀，可谁又能想到，这把小刀却大有名堂。

钱柏春："外形跟普通的小刀没什么区别，可以削水果，但它是把枪。装一发子弹，5.6 毫米口径，相当于我们运动步枪子弹。他利用削水果的伪装动作，就可扣下扳机。"

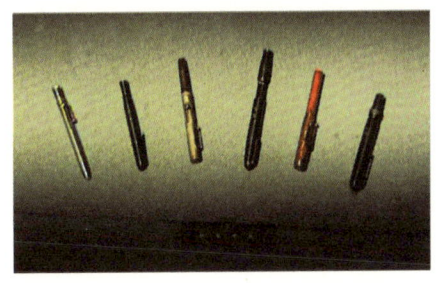

竹节式手杖枪

外形酷似竹节手杖,使用时只要拔掉手杖前端的橡胶或木头塞子,马上就可以击发

钢笔枪

除了比正常的笔稍重点,钢笔枪与正常的钢笔没什么区别,甚至在X光透视设备前,只要里面还没安装弹药,钢笔枪看起来跟平常的笔也没什么两样

消声手枪

所谓"消声手枪"也不可能是完全无声,只是将声音尽量降低。消器是安装在空气动力设备(如鼓风机、空压机)的气流通道上,或进、排气系统中的降低噪声的装置。消声器能够阻挡声波的传播,允许气流通过,是控制噪声的有效工具

烟盒式手枪

外形酷似烟盒,一次可装填7发子弹。口径8毫米,枪长129毫米,空枪重0.26千克,弹匣容量7发

黄金荣的三寸金枪

为比利时拉诺沃可折叠转轮手枪。枪柄部分镀金,折叠起来只有鸡蛋大小,弹仓内可填装6发子弹,并配有一个棕色的小皮袋,像旱烟袋。口径6.35毫米,枪全长111毫米,折叠时枪长92毫米,空枪重1.55千克

杜月笙的小刀枪

外形同削水果的小刀,两米之内具有杀伤力。口径5.6毫米,枪长98毫米,空枪重0.08千克

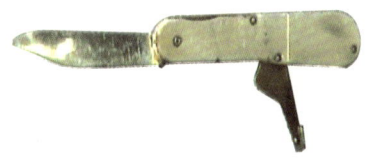

美国作家海明威有一部小说的名字叫《永别了，武器》，也许真的有那么一天，全世界的枪支弹药都进入了博物馆，不再用于暴力冲突，那该是多么美好啊！

3.美容美发博物馆

位于德国格里斯顿的国家卫生博物馆，实际上是一个记录人类探索完美历程的地方。在这里，德国从事化妆品专业的施瓦科库夫公司展出了历年来所收集的500多件护肤和美容用品，包括许多古代的美发用具，其中有一枚青铜制作的发卡，不知3 000年前的妇女是怎样将它固定在头发上的。还有来自古希腊的金色冠状头饰。

博物馆里展示的假发把我们带到了巴洛克时代。年轻的法王路易十三因头发稀疏而佩戴假发，接着，路易十四也在1670年以后使用假发，于是戴假发成了当时的时尚。几个世纪以来，假发是英国司法系统的象征和符号，而且假发越旧，表示法官、律师越德高望重。据说，司法人员佩戴假发便于掩饰个人的本来面目，去除私心杂念，成为法律的化身。身着黑袍，头戴假发，也增加了审判的仪式感和权威感。君主制认为，法权是神授的。在巴洛克时代，假发并不是法官和律师的专利，上层社会的人都把它作为出席正式场合或沙龙聚会时的入时打扮。

假发在晚上不戴的时候，被套在一个专用的陶瓷架子上，毕竟它是用人或者动物的毛发制成，应当小心保护。假发的价格昂贵，这在于人工而不是材料，制作一个假发需要一个熟练工匠花大约44个工时的劳动。假发上的每个发卷、每根辫子都经过假发技师精心设计，并用手工编制而成。一般一个法官的假发售价要超过1 500英镑，而最普通的假发也不低于300英镑。

博物馆的工作人员将抓痒工具、象牙坠饰和一个香水瓶摆在一起展示，难道它们之间有什么联系吗？当时的肖像画道出了其中的奥秘。

17世纪画中的贵妇们，梳着高耸入云的发型，充分体现着巴洛克艺

凤形金簪

明永乐

银鎏金丝嵌宝石人物纹簪

明万历

术对生活的影响。当时的欧洲，以罗马为中心，形成了旧教势力范围，宫廷与教会提倡雄伟华丽的艺术，建筑、音乐也都极尽繁复之能事，强调豪华的装饰性。发型是要跟着时尚走的，讲究排场的贵妇人梳上塔状的高发髻，最高可达3英尺（约92厘米），上面有美发师挖空心思做出的许多装饰物。为了做好复杂的发型，当时的人们甚至发明了一种特制的工具来测量假发的高度。为了不使高发髻的贵妇人跳舞时碰到吊灯，舞厅的天井不得不加高，甚至连圣保罗大教堂正门入口处的屋顶，也因此向上加高了一两米。

香膏瓶

来自埃及（公元前1390—公元前1352）。瓶身为半球形，瓶底为喇叭形，瓶颈为粗大的圆柱形，带有两个手柄。开口较大，以便用匙或手指取出瓶内的香膏

梳妆如此高的发髻需要花费可观的人力、物力和时间，一旦完成就要尽可能保持长一些时间，一两个月不足为奇。于是，麻烦来了，首先是无法睡觉，只能半卧着，因此当时的贵妇人多因睡眠不足而面色憔悴。这还不要紧，关键是长期不洗头，高高的发髻成了藏污纳垢的地方，不管那贵夫人有多么高雅和时髦，也难以抵挡那钻心的瘙痒，于是美发用品中增添了这几样东西：小象牙筒里塞上浸过血的棉花，可以把藏在发髻里的跳蚤吸引出来，如果这样还不奏效，那就只好动用长柄的痒痒挠了。

棕榈树眼线膏瓶和眼线笔

来自埃及（公元前1375—公元前1275）。这个玻璃瓶取棕榈树的形状，瓶身用深绿色玻璃制成。瓶中还放着一根青色的玻璃棒，用以涂抹油膏

由于长时间不能洗头洗澡，贵妇人只好借助装在小瓶子里的香精来赢得好闻的体香。300多年前的香水瓶已经做成华丽的梨状容器，里面装了浸满香水的海绵。妇女们选用特制的瓶子来盛装香水，有一种银色的香水鱼，在当时的丹麦贵妇人当中颇为流行。

博物馆收藏的大量香水，记录了香水的历史。法国人从12世纪就开始制造香水了，第一瓶香水是在1390年左右问世的，起名叫"匈牙利水"，由此开始了其他香水的制造。法国人对香水表现出了异乎寻常的热情，路易十四嗜香水成癖，他甚至号召他的臣民每天涂抹不同的香水，整个巴黎香气四溢，成了"香水之都"。

拿破仑也是一位香水迷，一年要用掉140升古龙水，因为他有皮肤病，涂抹香水可以为他那发痒的皮肤消毒。这其实是一种治疗方法，当时人们认为，香水有着各种各样的药用价值和神奇作用。拿破仑被流放到圣赫勒拿岛期间，得不到他必不可少的古龙水，他的贴身仆人阿利就

鎏金萨珊银壶

北周(557—581),高37.5厘米,
现藏于宁夏回族自治区固原博物馆

为他自制这种香水,从1820年开始,拿破仑使用这种香水直到去世。阿利将香水的配方写进了回忆录,被拿破仑的崇拜者安德烈·达米安发现,安德烈·达米安将这个配方公开,才使得法国皇帝用过的香水得以在全世界畅销。

而最早的可携带式吹风机,出现在19世纪末,从中还能够明显地看出酒精炉的原型。1903年,在这股美发潮流中,柏林制药商推出了一种美发产品,便宜的粉末状香波。从此,美发产品的开发越来越热,包装也变得更加富有想象力。这些近代早期的美发用品作为展览的最后部分,已经融进了几个世纪以来人类对完美生活的不懈追求。

别看德国有关于美发美容、法国香水的博物馆,咱们首都博物馆里也收藏了一些跟咱们中国传统的美容美发行业有关的东西。不仅有,而且还不少。明清时期,甚至辽金时期的墓葬里面都有。单北京而言,就曾在丰台区发现一个金代墓葬,从中出土了很多美容用的化妆盒,里面有各种各样化妆用品的痕迹。

那时候有些什么化妆用品呢?

都是粉。到了近现代,东西可就更多了。比如说大家小时候经常能听到理发用的那个"唤头",就是两片铁片,直接用中间金属一打,能发出悦耳的声音,院里的人听这个声音就知道是理发的来了,走街串巷不用吆喝,因此俗称"唤头",实际上就是理发的人用于招揽生意的工具。要是把几片铁片用皮条穿好了一打,就是磨剪子、戗菜刀的来了,现在我们在电影里面还可能见过这个。所以别看都是铁片,却代表了不同行业。

4.博物馆里的生活器具

类似这种近现代的生活器具,在博物馆还有许多,比如肥皂、小盒、支炉等。什么叫支炉呢?就是过去老北京烙饼用的,按现在说法就跟饼铛似的。扣在煤球炉的火上,不用饼铛就可以直接擀饼在火上烙。这个支炉有一个特点,就是用砂做的,砂隔热好,因为上面有好多小孔,受热比较均匀,烙出来的饼暄腾,是老百姓家里一直使用着的东西。过去生活困难,吃的米饭剩下了就烙米饭饼,那可不是锅巴,还得加点儿胡椒、盐,把胡椒在火上焙了,拿擀面棍擀完了烙成饭饼。别看吃着挺香,现在北京已经没有这个吃法了。

特色博物馆之旅

累丝龙纹金盖、金托盘、玉碗

明万历

金花银匜

中国古代的盥洗用具。这件唐代的银匜形体较小,是盛食器皿。高8.7厘米,1970年陕西省西安市南郊何家村出土,陕西历史博物馆藏

刻花金铛

高3.4厘米、口径9.2厘米,重226克。铛是中国古代的温酒器,目前所发现的多为银铛,金铛极其罕见。陕西历史博物馆藏

鎏金异兽纹银盒

唐(618—907),高6厘米,口径13厘米,重426克,1970年陕西省西安市南郊何家村出土,陕西历史博物馆藏

再比如清代晚期有一种冰盆,是在一个琉璃的冰箱里面放了一个小盆,实际就是大冰箱里面套上一个小的,它的功能是大的冰箱里可以搁其他东西,而冰盆里边可以再搁上一些比较精致一点的食物。冰箱可以打开,分成好几层,这几个层次可以互相透凉气,大冰块在底下,冰盆则搁在冰块上头。

除了这些,就连肥皂也能进博物馆这样的"大雅之堂"。实际上博物馆的功能正是这样,它起的是一个传承的作用。通俗点说,就是为了明天来收藏今天,为了让后人能够了解我们的一段历史,知道那时候的人过日子都是啥样,而用实物来展示,大家看了以后会更有印象。虽然肥皂是非常普通的物件,但在过去计划经济情况下,肥皂都需要按人定量,一个月要用多少都得凭票购买。博物馆留下这个,一方面印证当时制造肥皂工艺的情况,比如景山牌肥皂上面就写着"北京日化一厂生产"。还有北海牌等。

此外还有以前北京老胡同的那些门牌,拆胡同的时候,许多大门牌小门牌拆了就没用了,但也有有

心人在拆门牌时给留住了。比如开出租车的司机索鹏，当时住在平房，随着旧城改造，到今天，他们家曾经住过的平房已经变成马路了，那条胡同也已经荡然无存了。所能留下的除了人们的记忆，就是索家的一个门牌，后来捐给了博物馆。别看索先生眼下的工作跟博物馆不相干，但索家祖先是打仗的武将，是蒙古人，在北京居住了360年，他自己从小生长在北京，所以对北京特别有感情。

1962年索家就捐献了5个昂贵的青花小瓷罐，青花瓷是非常昂贵的瓷器，我们都知道，现在青花瓷很不好找。那时文物部门说那些是国宝，他的大爷就有点儿担心：国宝该怎么对待。得写上地址、写上门牌号，得注册，得往哪搁啊。搁自己的家里提心吊胆的，怕不小心给弄坏了，还会招贼。既然是国宝，还不如捐献给国家呢。政府给予奖励费5元，这5元钱算是车马费。

捐青花瓷的时候，索鹏的爱人尤金萍还没嫁到他们家。嫁给他以后，见他喜欢收藏一些东西，对那些古玩特别喜爱，一开始她是比较反对的，因为她接受不了，认为旧的东西都是应该淘汰的，现代的东西多好，新的，可索家老不扔东西，老不让她买新的。不过过了一段时间以后，因为索先生经常带她去博物馆，看一些瓷器展、画展，总之只要报纸上一登哪里有什么展览，必带她去，她想没事就当遛弯锻炼身体，在他的熏陶下，渐渐两口子都喜欢上了博物馆。

虽说好不容易收藏了许多东西，他们也从没想过要给儿子留着，他们的儿子是军人，在部队受的教育比他们还多，夫妻俩一跟孩子商量，问他有什么想法。孩子说，要是留给我，还不如捐给博物馆意义大，能体现出那些东西的价值来。于是他们将多年的收藏捐献给了博物馆，领回博物馆发的一张证书，以及一张捐赠清单：

> 砂支炉一件；暖炉一件；铁熨斗一个；冰箱一个（含小冰盆一个）；保险箱一个（花旗银行的）；方桌一个；二人长凳一条；核桃木月牙桌一个；榆木玫瑰椅一个；搪瓷盆一个；脚踏风琴

一个；肥皂三条；街门一组；边子巷头条门牌三个；锦绣头条门牌一个；清华街路牌一个；锦绣头条路牌一个；锦绣二条路牌一个；购货证、购煤证、购粮证、工业券；牛羊肉票、猪肉票；选民证；全国通用粮票、北京市粮票；邮票若干。

别看捐出这么多东西，两口子也不惦记，心里反而特别踏实。

"捐给国家，这些东西就得到保护了，心里特别坦然。我什么时候想看看，我再到博物馆看。"

除了不能再使用那个支炉在自己家烙饼，他想看自家捐赠的物品，甚至他的后人想看，只要跟博物馆联系，一般都会满足他们的要求。不仅在博物馆的展厅里能看到，甚至在特殊的环境下也能看到，博物馆会提供方便。

五 形形色色的北京博物馆

1. 北京石刻艺术博物馆

在北京动物园的西北角有一座驰名中外的北京石刻艺术博物馆,现有展品600余件,按内容与功用分为8个陈列区,在这里浑然没有时光的改变,历史的凝固在石头的身上以各自的形式存在。

北京石刻艺术博物馆在1987年建馆,是以真觉寺的遗址为基础建立起来的第一座按石刻学分类、以陈列北京地区的石刻艺术为专题的露天博物馆。

石刻是以石头为原料加工而成的产品,包括用石头加工成的各种建

北京石刻艺术博物馆碑林

北京石刻艺术博物馆坐落于海淀区白石桥东约500米处的真觉寺遗址内,是一座展示北京地区石刻、石雕精品的专题博物馆,1987年10月对外开放

筑材料，用石头制作的各种生产工具，用石头雕刻成的艺术品以及镌刻有文字的石雕。石刻的形式很多，有碑刻、画像、石经、造像、刻帖等。石刻艺术馆的馆藏，主要以石碑为主，真觉寺唯一的古建筑遗存金刚宝座为这里的中心，在它的两侧，共分有8个展区，东西两侧分别设置了石刻综合陈列区、功德碑陈列区和墓志铭陈列区等展区。馆内还设有以

大方便佛报恩经变相

重庆大足石刻。位于宝顶山第17号，宋代作品。第17号龛高7米，宽15米，龛正中刻半身释迦牟尼佛像，高3.7米，肩宽1.4米，左手持钵，右手结印

六道轮回图

重庆大足石刻。位于宝顶山第3号，宋代作品。此摩崖造像，顶部为平顶，顶高7.80米，像宽4.80米。主像为大轮金刚，高6.60米，面北而立。金刚双手捧六趣轮，口衔轮上端

华严三圣像

重庆大足石刻。位于宝顶山第5号，宋代作品。中为毗卢舍那佛，左右为文殊、普贤二菩萨，合称"华严三圣"。像高7米，肩宽2.9米，胸厚1.4米。头顶崖檐，脚踏莲台，袈裟皱褶如刀斧劈出，舒展自如

人与石为主题的展厅，除了收藏有大量石刻文物，还收藏有大量的书法、碑帖，这些碑帖笔法隽美，也是研究书法艺术的极好资料。北京石刻艺术博物馆可以说是北京的碑林，也可以说是北京石刻的荟萃之地，这个博物馆的建成实现了利用真觉寺遗址发展博物馆的规划，并在陈列形式上创造出了一个众星捧月的艺术效果。

1402年，明王朝顺利地度过了朝代更替的阶段，在一片颂歌声中，明成祖朱棣升登大宝，开创了明王朝的鼎盛时代。恰在此时，从西方来了一位印度的高僧是里沙，他为成祖带来了5尊金佛像和一座金刚宝座石塔的图样，并以他的聪颖、博学很快倾倒了朝野，就像是上天对于皇帝的赐福一样，成祖非常高兴，于是他封印度的高僧为大国师，同时选定西直门外长河边的清静之地按照图样建起了这座真觉金刚宝座塔。初建成的金刚宝座塔十分雄伟壮丽。有一天皇帝在那里问是里沙，为什么这座宝塔要叫作金刚宝座石塔呢。它又能把多少上天的恩惠带给我朝呢？是里沙回答道："陛下，金刚的寓意是坚固不动的意思，这石塔会常在，并且记录着历史的声音。"

金刚宝座塔内砖外石结构，周身镌满佛教题材的雕像，它由塔座、罩亭及5座四角密檐式塔组成。从方台上的这5座小塔看，它是一种很独特的形式，中国过去没有这种塔，只有印度有这种5座塔在一个高台上的形式，但是再看塔的建筑艺术和它的工艺，以及塔壁上所有的雕刻，完全是中国的形式，这就说明这个形式从印度传到中国来，经

西土城"蓟门烟树"碑〔清〕

此碑立在北京德胜门外的土城边。古城墙和古建筑物都已废圮，只有古城门旧址两个土阜还存在。相传当年其树木蓊然，苍苍蔚蔚，晴烟拂空，四时不改，故名"蓟门烟树"

慈寿寺"九莲圣母像"碑拓片〔明〕

传说万历之母李太后被梦授《九莲菩萨经》,为纪念这件事,1587年,万历为她在慈寿寺立"九莲圣母像"碑

金刚宝座塔

由塔座、罩亭及5座四角密檐式塔组成,塔座和塔身遍刻佛像、梵文和宗教装饰

过了中国的工艺师和匠人的手,为它赋予了一种中国气派和中国形式。

形式考究、外观秀美的金刚宝座塔是石刻博物馆最珍贵的石刻艺术。中国最早的金刚宝座石塔出现在敦煌北周窟的壁画之上,这种样式的石塔,全国也仅有10座,而现存的保存最完好的、时代最悠久的一座塔,就要数这真觉寺的金刚宝座石塔,也正是因为这座美丽的石塔,才在它的周围建立起石刻博物馆。

在石塔的东边,陈列着一块明末的大太监魏忠贤的生死碑。生死碑是立碑者还在世时,为他做出的功绩而立的碑,记载了魏忠贤生前做过的一件好事,是京东人民不忘魏忠贤捐地、捐钱修大坝和城池而立的。那时,明王朝的统治仍在继续,父传子,子传孙,江山传到了天启皇帝的时候,这个皇帝自幼不喜欢读书,却喜欢油漆盖房的木匠活。有一次在朝野中,皇帝竟公然说出羡慕木匠的话来。因为荒于朝政,大太监魏忠贤逐渐掌握了王朝的权力。天启三年(1623年),他在紫禁城内阉了3 000多名男子,组成了世界上独一无二的太监部队,称为内典兵。因为权倾朝野,各地官员纷纷为他建立了生死碑,甚至当时在朝廷中有人提议，把生死碑盖到国子监附近，让九千岁与孔子相提并论。石刻馆中的这块生死碑就是当时魏忠贤权力的一种象征。

在魏忠贤死后不久，明代的江山就换了主人，一个来自白山黑水之间，充满朝气、更加灵活的民族入主了中原，百年之间激荡开始，后趋平复。清朝在成立初期，前朝的复辟斗争极为激烈，为此刚入关的皇帝们进行了许多改革，首先是笼络知识分子，科举制度并没有废除，知识分子仍然可以通过读书得到高官厚禄，儒家的代表人物孔子和孟子也分别还是思想道德界的圣人和亚圣。经过了康熙帝和雍正帝两朝的努力，大清的国力到乾隆帝年间达到了鼎盛。

魏忠贤碑

魏忠贤是明末大太监，因其权倾朝野，当时官员纷纷为他建立生死碑，此碑就是当时魏忠贤权力的一种象征

清代的帝、后均是佛教的忠实信徒，清高宗乾隆十六年（1751年），乾隆帝为其母庆祝六十寿辰，为表虔诚，又重修了真觉金刚宝座塔，这次翻修进行了10年，到太后七十岁的寿辰时，方才修竣。修建一新的寺庙增修了行宫，玄寺殿堂、房舍共有215间，成为可以和雍和宫媲美的皇家寺院建筑区。太后七十大寿的那一天，千名喇嘛列队山门两侧，齐诵万寿经，百余名朝廷大小官员忙里忙外，寺内钟鼓齐鸣，香烟缭绕，似乎人间一片祥瑞之兆齐聚于此，望去一片非凡景象。此时的金刚宝座塔经明王朝的辉煌之后，又再一次目睹了另一个王朝的辉煌。

"金刚"两个字，在印度的古代历史里，就是我们今天所说的金刚石。印度很重视金刚石，认为金刚石是最坚固的东西，什么东西都不会把它给摧毁了，所以金刚宝座就是取这个寓意。

金刚宝座塔历经300年的风雨，得到两朝皇室的喜爱与其自身的雕刻艺术密不可分，从金刚宝座塔的孤角，到5座小塔的塔顶，可谓无处不雕，无处不刻。除代表5塔的5佛外，共有佛像1 561尊，还雕刻了菩萨、天王、罗汉等人物的形象，另外有狮子、骏马、大象等佛祖的坐骑，耐人寻味的是这些生灵活现的动物与佛像雕刻在同一画面，古代匠师的这种动中有静、静中带动的表现手法也令人叹为观止。

宝塔内有44级台阶，盘旋而上，通向宝座顶上的罩亭内，罩亭为琉璃砖仿木结构，亭之南北也各开一座券门，通向宝塔顶部的台面，台面四周都有石栏围绕。值得一提的是，中央小塔的塔座南面正中，刻有"佛足"一双，表示佛足遍天下。这种"佛足"雕刻在国内已经不多见了。

刻在宝座下方的古印度文字，它的数量之多仅次于清乾隆地宫，是研究古印度文字、文化的重要资料，具有极高的科学价值。在中间塔上南面的佛祖，还有一个传说，据《大唐西域记》记载，释迦牟尼死后，弟子阿难为他的遗体火化，但是却不能点燃火，此时佛的大弟子迦叶赶到，因未见佛的遗容而伏地大哭，这时释迦牟尼的双足破棺而出，迦叶用头顶在佛的双足上以示尊敬。

乾隆皇帝在位60年，当了3年太上皇，享年88岁，是中国历史上

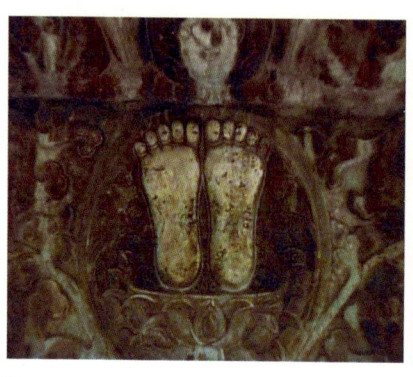

佛足

佛足刻在金刚宝座塔中央小塔的塔座南面正中，表示佛足遍天下。佛教认为见佛足迹如见佛，它与佛祖舍利有着同等重要的作用，是平日朝拜的圣物

金刚宝座梵藏文经咒

金刚宝座塔由宝座和石塔两部分组成，塔座和塔身遍刻佛像、梵文和宗教装饰

岁数最大、当权最久的皇帝。乾隆皇帝执政 60 年间，也是中国封建王朝的最后一个盛世。馆中有一块永定河碑，为 1750 年乾隆皇帝下旨直隶总督方官成治理永定河而作，碑后是乾隆五年后再次视察永定河时题写。方官成自乾隆十四年上任至乾隆三十三年去世，一直出任直隶总督，与他 19 年来不懈努力治理永定河有很大的关系。方官成在治水方面卓有成效，又是当时有名的学者，乾隆在圣旨中也表现出他在治水方面的独到见识，君臣合作，显得非常默契。

乾隆曾说，你们治河就要修堤，中国古代有一部著名的地理著作叫作《禹贡》（当然《禹贡》并不是夏禹写的，是后人写的，假托他的名字），《禹贡》里有"堤"字么？可见夏禹治水，是不讲筑堤的，是讲疏导的，水从地中行，行其所无事，你不要给它找事，你挡着它，它就要出来，所以你看古代治水的理论，哪个不讲疏导？这是乾隆的主导思想。在没水的时候，永定河里有好多老百姓盖房子，就住在河道里，乾隆皇帝说这事不行，这样水一来不就麻烦了吗？不但把你们淹了，而且你们还挡着水啊，那水非泛滥不行，所以他说这个事情下不为例，过去盖了的我不管，将来不能再盖房子了。

从明成祖登基做皇帝，到乾隆盛世，已是走过了 300 年，这里面有中国最黑暗的历史时期，也有封建王朝的末代盛世，而其中的每一位皇帝莫不希望"金刚"二字能在自己的时代中呈现，对于皇帝们来说，金刚的寓意也许只有 4 个字——"仁政爱民"。但是从这石刻馆中的众多碑文来看，并不是每一位皇帝都能体会得到的。

1964 年，在今天八宝山的老山汉墓附近，发现了一座东汉年间的石阙，这座石阙在发现时远不如今天现场直播挖掘墓穴时造成的轰动大，但是在当时的考古界，却是一件非常重大的事情，因为这座汉阙是北京地区至今所发现的最早的石刻，它身上记录的那个时代的气息远远丰富于它所给予我们的视觉印象。今天这座汉阙收藏在北京石刻博物馆内，成为这座博物馆内最珍贵的馆藏。两汉时期的墓葬讲究视死如生，

幽州书佐秦君神道双柱〔汉〕

据《后汉书》载:墓前开道建石柱以为标,谓之神道。汉代,庙宇及坟墓前神道两侧,排列石柱和阙是一种很普遍的形式

就是人在死后的待遇要与生前一样,这座汉阙制造精美,气势雄阔,它的主人又是哪一位王侯将相呢?汉阙顶上写着"汉幽州书佐秦君之神道"。幽州书佐是个什么样的官职?引起学术界的讨论,幽州并不是一个小地方,东汉时的幽州,包括今天河北北部、辽宁的大部分以及今天的朝鲜。所谓"幽州书佐"就是幽州地区郡县的书记官,但是书佐并不是个达官,令人不解的是,这样精美的石阙为何立在了一位书佐的墓前。首先的推断来自当时的官吏选择制度,两汉时期有地方察举孝子连立的诏令,许多官吏是由乡村学者中选拔出来的,因为这一习俗,使社会上有学习的好风气,一个有学问的学者往往会有上百人甚至上千人来拜师。

师就是老师,自己研究经学的当然要教学生,这些学生和老师一生都保持如君臣关系,或者父子关系那么亲密的关系,不管这个学生做了多大的官,老师死了之后,也要来给他服丧,这虽然不是制度,但却是习俗,谁要是不遵守这个习俗,这个人的社会声誉马上就下去了,这样的人在秦汉史上有一个名词,叫作"门生故吏"。许多老师死后,他墓上的碑、墓上的阙,还包括一些石雕,比如说牛、虎等石兽都是他的门生故吏给立的。

乾隆御笔"绘月"

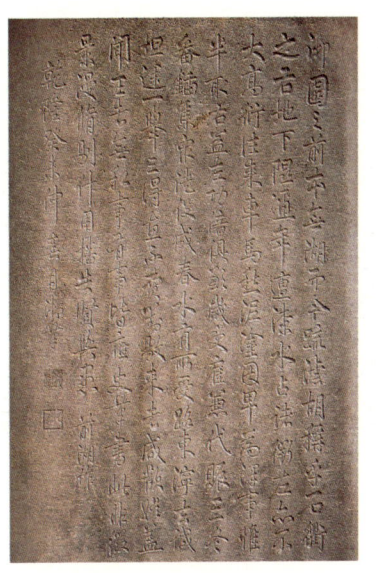
"达园"昆仑石乾隆御制诗刻

在最初发现这座汉阙时，曾有人推断，认为阙是这位书佐秦君的门生故吏在他死后为他而建。不久后在汉阙的石条上发现了铭文，上面有乌鸦反哺的故事，比喻父母的养育之恩，以此推想，如果这座汉阙为这位书佐秦君的门生所立，这种比喻不可谓不感人，而从另一个角度来看，石阙有可能是秦君之子而立。

两汉之后，中国经历了将近400年的中衰期，历史上称为魏晋南北朝时期，因为地方连年征战，人民生活困苦不堪，这时从印度传来的佛教在中原之地盛行，成为中国佛教传播发展的第一个历史时期。石刻馆中陈列着一座北魏太和年间的石灶像，这尊石像为北魏太和二十三年（499年）一个岩姓的家族为孝文帝及其祖母文成文明皇后所造，因为在北京地区，极少能够看到北朝灶像，所以这尊石像在石刻馆中就显得极为珍贵。北魏孝文帝不但是少数民族的领袖与改革家，也是一位佛教信徒。496年，孝文帝下诏在今河南登封建立少林寺，然而孝文帝没有料到，他的这一奉佛祈佛的举动，竟成为五花八门的中国功夫的武术源头，少林寺因此产生了少林武术，至今依然是中国最有名的寺庙之一。

太和石灶像

灶像通高225厘米，主佛立姿，面相丰满，立于莲座之上。这是北魏太和二十三年（499年）一个岩姓的家族为孝文帝及其祖母文成文明皇后所造

太和灶像与少林寺产生于同一时期，是北京地区目前已知有明确纪年铭刻的时代最早的灶像，灶像通高225厘米，主佛立姿，面相丰满，立于莲座之上。这座石像本身有着鲜明的色彩，可惜由于年代久远，色彩逐渐褪却。

当历史到了北宋时期，又为石刻艺术赋予了新的意义。在石刻博物馆有块残碑，是北宋初期宋仁宗年间所造，现在称这座碑为针灸穴位碑。这座碑是20世纪五六十年代整理北京城墙时在明代的城墙中挖出来的，一共发现了大小7块。据考证，这座石碑来自河南开封市的大相国寺，国家图书馆的武颜真先生在考证的基础上复原出来。整碑应有11面大小，原来这些碑是11面立着的十字教科书，在这11面碑中，把人的穴位、经络距离多远，都标得非常清楚。这座石碑也许是北宋时期大相国寺的医学教学设备，然而河南开封市的石碑是如何来到千里之外的北京呢？

现在分析，这块碑之所以到北京来，恐怕不是通过很正常的渠道。1126年到1127年，有一个非常大的事变，叫作"靖康之变"，就是金兵南下把北宋推翻，把北宋的一些收藏、一些珍贵的文物，大批运到北京来，因为北京当时是金朝的中都。

在历史的安排下，针灸穴位碑从开封来到了北京，这块碑不但能研究宋代卫生系统的教学制度，而且对研究宋代的建筑，也是非常难得的

针灸穴位碑

"针灸穴位碑"又称《新铸铜人腧穴针灸图经》残石,是石刻文物中最具故事性的一组石刻。在石刻出土之前关于针灸穴位图经和铜人穴位的拓片就有流传,真假难辨

历史资料,碑上的房檐完全是仿照宋朝的木结构房檐施工,由此不难想象,北宋时期房屋的建筑风格。

明清时期以北京作为国家的首都,反映北京地区历史城建的石刻建筑,远较前朝为多。石刻馆内有大量的明清两朝的石刻展品,其中有两块隆福寺碑,是北京城历史的极好见证。西面一块为明景泰三年(1452年)创建隆福寺时而立,碑中记载了建立大隆福寺的原因及建寺地点和佛寺内建筑情况。碑文中以皇帝的口吻说,自从太祖皇帝统一江山以来,历代皇帝都不敢忘记老百姓是国家的基础,可是做皇帝的一人之力有限,而老百姓所需要解决的事情太多,所以建立隆福寺,希望祖先可以保佑苍生得到幸福。但是,隆福寺的建设却还有另外一个版本的故事。

明代有个皇帝叫明英宗,英宗自己带着兵来到漠北这个地方,被人俘虏了,在北京,人们立他弟弟为新皇帝,叫景泰。明英宗回去之后,景泰不让英宗住在故宫里,让他住在南河沿的一个小宫殿。景泰皇帝认为自己做了皇帝了,可以大肆铺张,于是在东四盖了一个非常大的庙宇,叫隆福寺。

最初的隆福寺是为了宗教用途而修建的,所以在初建成时,香火极盛,不久隆福寺的庙会在明代就已经成为北京最大的商业性庙会,到了清代由于东寺商业区的建立,隆福寺的香火达到了鼎盛。

中国的古建筑是土木结构，年代久了总要有损坏，雍正继位后重修隆福寺，东面的石碑记述修缮隆福寺的原因和目的，但是两块碑看起来是一模一样，不管是高、宽、厚，就连底下的龟趺都完全一样，所以有学者怀疑景泰当年立了两块碑，雍正把其中一块磨平，又刻上他的碑文。

隆福寺碑

明景泰四年，原址在北京东城区隆福寺内。隆福寺是明代北京著名皇家寺院。此碑记述敕建大隆福寺的原因及寺内建筑的情况

雍正皇帝是历史上争议最多的皇帝之一，但他却是一位体察民情、勤于政务的皇帝。石刻馆内广宁门外的10道碑，立于雍正九年（1731年），撰写者也为雍正。当时北京为四方汇归、万国朝宗之地，由于没有火车，外省到北京的商民都要走从卢沟桥到广宁门这条路。广宁门即为今天的广安门，而当时广宁门的路况却很差，亟须修缮，所谓"无风三尺土，下雨一身泥"，就是当时路况的写照。

在1998年城市问题研讨会上，有些专家学者提出这样的问题，北京最早的高速路在什么地方呢？当时就有学者举出了大量的资料加以论证，认为广宁门外的石路就是北京最早的高速路。我们可以再看一下碑文，碑上面记载的就是雍正皇帝为修建这条路所作的纪念碑文，上面记述了州里和各个朝代以及一些史书上面记载的修路的缘由，用我们现在的话说就是"要想富，先修路"，皇上也引用了这样一条道理。

2.北京古代建筑博物馆

历史上的每一天都会发生很多事,而我们生存的空间,便在这些纷纷扰扰当中更迭演化。当那些历史的飞檐楼阁渐渐被钢筋、水泥、玻璃幕墙所代替,这城市一面变得陌生,另一面又变得几乎相同。而本应属于它的个性,却在这种时过境迁中消失了踪迹。

北京古代建筑博物馆位于北京先农坛古建筑群内,是我国第一座收藏研究和展示中国古代建筑艺术及其发展历史的专题性博物馆。博物馆展厅内陈列了大量的图表、照片、实物、模型,介绍了从茅茨土阶的原始社会一直到明清时期的城墙高筑,几千年来中华民族生存空间的演化变迁。

7 000年前的黄河流域,洪水与山火摧毁了茂密的原始森林,一群原始人被迫逃进了一个石洞,而不幸的是,这里早已成为野兽的巢穴,狼狈不堪的原始人在朦胧的意识里第一次感到自己该有一个像样的居所。在土层丰厚的黄土地带,人们逐渐学会了挖掘洞穴,创造了穴居,并进一步发展为半地穴,直到出现了抹泥墙的地面房。而就在同一时期的长江流域,由于气候多雨湿润,原始人类利用当地丰富的木材资源,创造了全木结构的栏杆式建筑。又过去了几千年,在原始部落的基础上,演化出最初的城市雏形。

1949年北京城沙盘模型

模型基本保持着老北京城的轮廓,由外向内,分为外城、内城、宫城,宫城即之前的紫禁城

太和殿内景

太和殿内的蟠龙大柱、雕镂精美的蟠龙藻井、沐金雕龙金漆宝座,将殿内装饰得分外堂皇富丽

轩辕镜

太和殿内宝座正上方悬挂着一球形的轩辕镜,相传此镜为黄帝所造。后来的皇帝悬挂此镜,用以表示自己是正统的皇帝,以保祖宗基业千秋流传

公元前 21 世纪,当踌躇满志的夏启从年老的父亲禹手中,颤抖着接过象征部落首领的信物时,世袭制代替了禅让制。城市也由此成为统治者骄奢淫逸的安乐窝。而此刻贫穷的奴隶们还一直居住在城外的半地穴内。

在以后的商周奴隶制时代,城市则意味着一个壁垒森严的国家。公元前 221 年秦始皇统一中国,中央集权的郡县制取代了诸侯分封,城市也就成为中央、府、县的统治机构所在地。在 2 000 多年的封建社会中,这个体制基本沿袭下来。历代帝王都极为重视都城的选址和建设,在都城内部,浩大的宫殿建造工程也相继展开。宫殿,是中国古代最宏大、最隆重的建筑群。"未见皇居壮,安知天子尊",当你初次见到皇家的宫殿,首先体会到的正是这两个字——"壮"与"尊"。

博物馆内现藏的 1949 年北京城沙盘模型,基本上保持着老北京城

婉容四合院模型

婉容故居。布局整齐而又参差有致,具备了老北京传统四合院的所有要素:广亮大门、影壁、垂花二门、正房、跨院、抄手游廊等,样样俱全

的轮廓，由外向内，分为外城、内城、宫城。宫城也就是之前的紫禁城。1417年，在经过了长达10年的备料过程之后，明成祖朱棣下旨建造紫禁城，这座占地72万平方米的宫城，征集了全国10万工匠、数十万民工，仅仅用了3年就完全竣工。整座紫禁城在布局上，注重轴线与对称。它的中轴线与整个北京城的中轴线完全重合，更加突出了皇宫在北京城的主导地位。从南向北，绵延7 000米的北京城中轴线正好从故宫太和殿的皇帝宝座下穿过，"溥（普）天之下，莫非王土；率土之滨，莫非王臣"（《诗·小雅·北山》）。建筑特点中，也充分渗透着封建社会以天子为中心的大一统思想。

垂花门

沟通四合院内外院的门，俗称二门，它两侧连接抄手游廊，把院落截然分为内外两部分。外宅是接待外来宾客的地方，内宅则供家人起居。在封建社会，未出嫁的香闺小姐"大门不出，二门不迈"，所指"二门"就是这道垂花门

隆福寺藻井

藻井是我国传统建筑中顶棚上的一种装饰处理，是小木作装修技术施展的高峰。隆福寺藻井上下共分6层，每层圆形主框架上均细雕云纹图案

在皇帝宝座的正上方——太和殿顶悬挂着一面琉璃制成的轩辕镜，轩辕镜照顶以保祖宗基业千秋流传。当大军阀袁世凯第一次坐上皇位时，却唯恐轩辕镜掉下来砸中自己，因而把宝座向后移了一段距离。不知道是不是因此破坏了原有的"风水"，袁世凯最终成为一个只做了83天的皇帝而贻笑万世。

历朝历代都把礼制纳入建筑里面，皇家的统治思想也深深地渗透到平民百姓家中。博物馆展出的末代皇后婉容居住的四合院模型，无论从高度、进深、格局还是装饰都典型地体现了当时的礼制规范。

首先进入我们眼帘的，是四合院的正门。在四合院正门后面是垂花门，它是通往内宅的唯一途径。小姐一般居住在后照楼之中，由于明清时礼制的严格，小姐活动的范围，就是在垂花门以内的地方，这个就是过去那种"大门不出，二门不迈"的意思。大门就是四合院的正门，二门就是垂花门。当然她们并不是一辈子在这个范围内不出来，在她的一生中有两次可以出来，一次是出嫁的时候可以出这个大门，一次是死亡的时候也可以出来。

北京天宁寺

此寺前身是北魏延兴年间(471—476)所建的光林寺，1435年定为今名。天宁寺现存建筑，以寺后佛塔最为壮观。塔总高57.8米，为砖筑实心密檐式八角塔，造型庄重秀丽

《雍正亲耕籍田图》局部

明清两代，祭祀先农和亲耕的传统是国家每年仲春亥日举行的重要祭祀典礼，此图展现了皇帝率百官到先农坛祭祀先农神并亲耕的场面

门墙高高,隔断了多少向外张望的眼睛;庭院深深,锁住了无数少女的青春之梦。建筑带给人更多的仿佛是一种禁锢。因为有了墙壁,有了屋顶,有了门窗,人与人仿佛也有了隔阂。而今天,当多年的近邻面对面仍互不相识的时候,我们不知道,这是否该归咎于建筑。

1900多年前曾经繁华一时的庞贝古城突然消失,据说是毁于突如其来的火山爆发。而在此之前200多年前的中国,辉煌宏大的阿房宫也被一场大火化为灰烬。无论是东方还是西方,在猝不及防的灾难面前,建筑是那么不堪一击,也不知从何时起,中国古典建筑当中也融入了这一方面的忧患意识。

馆内有口由隆福寺移至古建筑博物馆内的藻井,堪称建筑内部装饰的精品之作。藻井是我国传统建筑内顶头上的一种装饰,它既有增加空间感的作用,又有象征水井之意,为使以木结构为主的建筑免受火灾侵袭,藻井的设置意在以井之水克天火之无常。对于骤然而来的自然灾害,人们由产生畏惧,演变出对自然现象的崇拜。

今天的北京古代建筑博物馆的所在地便是昔日的先农坛。明永乐十八年(1420年),先农坛建于北京南郊,当时称山川坛,明嘉靖九年(1530年)改建为天神、地祇二坛。后来明天顺二年(1458年)不断有

十三陵石牌坊

明嘉靖十九年(1540年)建。为汉白玉砌筑,面阔五间,六柱十一楼,宽28.86米,坊高14米。夹柱石上雕刻麒麟、狮子、龙和怪兽,云腾浪涌,神态逼真。这座晶莹光洁的牌坊是我国现存最大、最早的石坊建筑

定陵地宫

地宫中有7座4吨重的汉白玉石门，设计巧妙，开闭灵活。地宫中又分为正殿、配殿、前殿，和地上建筑完全一样。中殿原状陈列着祭器，那里三个汉白玉石座，座前各有一套黄色琉璃五供和一个青花瓷的长明灯

修缮和新增建筑。它是明清两代皇帝祭祀先农诸神及举行籍田典礼的场所。其实，如果要确址的话，先农坛只是这座用于祭祀的高台。不过，皇家的东西总要大讲排场，于是便有了占地莫大的先农坛组合建筑。先农坛建筑群可以分为三组，即先农坛（先农神坛、神厨库院、神仓院、俱服殿、观耕台、庆成宫）、太岁殿（太岁殿院和焚帛炉）和天神、地祇坛。

祭祀先农和亲耕的传统，可以追溯到周朝，但不是每年举行。明清两代，成为国家重要的祭祀典礼。每年仲春亥日，皇帝率百官到先农坛祭祀先农神并亲耕（称为籍田礼）。《雍正亲耕籍田图》形象地展现了当时皇家的浩大声势。据说雍正帝每次来到先农坛，在祭拜过先农神后，先要在俱服殿换下朝服，换上劳动服装，然后在众人簇拥之下亲自扶犁3次以示诚意，继而登上观耕台坐看百官田中耕作。秋天，亲耕田收获后，将谷物存放在神仓院，供北京九坛八庙祭祀使用。现在观耕台和俱服殿尚在，而曾经大片的籍田已消失得无影无踪。

无论是祭天、祭地，还是祭祖，拜祭者的愿望无非是祈求福祉，祈求平安和顺。做帝王的，则只是希望基业万世流传，这种祈求也极为自然地被他们从生前带到死后。中国古人将祖先的安葬地与后代的命运、祸福相联系，于是陵墓便成为生与死的结合点。陵墓建筑也是古代建筑博物馆展览的重要一部分。

据说远古时期，人被下葬后地面不作任何标志。相传春秋时期，孔

清东陵内景

清东陵是中国最后一个王朝清朝的帝王后妃陵墓群,也是中国现存规模最大、体系最完整的古帝陵建筑,共建有皇陵5座,以及东(慈安)、西(慈禧)太后等后陵4座、妃园5座、公主陵1座,共计埋葬5位皇帝、15位皇后和136个妃嫔

子为表示孝顺,将父母合葬一处。为了便于时常到父母墓前祭祀悼念,孔子在墓上抔土为坟,作为标志。普通百姓死后,不过是荒冢一堆,但对帝王将相来说,修一座陵墓的兴师动众绝不亚于一座工程。1895年中日甲午战争刚刚结束,河北遵化清东陵,成千上万的民工和匠人正在挥汗如雨,花了前后20年的时间,加上不计其数的白银堆成的浩大工程,不过只是一个妇人的坟墓。而这个妇人便是当时权倾一时的慈禧太后。

也许慈禧太后想把生前拥有的一切都带到另一个世界去继续享用,也许每一个统治者都想凭借得天独厚的风水宝地以护佑子孙的家业宏大,但这一切都只不过是痴心妄想,生前的辉煌随着生命的消失,一切都随之灰飞烟灭。无数皇帝的陵墓,尽管占据了风水宝地,但他们的朝代终究都不能流传万世。对于那些陵墓的建造者而言,也许从未想到过身后会发生如此的悲哀。

建筑是一种基于空间环境的艺术,它只能通过直接的体验才能领会和感受。就让我们游荡在这城市的街头,去感受空间的魅力;就让我们怀着一份对古老的崇仰,到建筑博物馆去聆听大地之灵的空旷回声吧。

3.古陶文明博物馆

古陶文明博物馆位于北京宣武区(今西城区)南菜园大观园公园北门,成立于1996年10月30日,是北京市文物局批准成立的中国大陆

彩陶水波蛙纹盆

马家窑文化,瑞典东方博物馆藏。马家窑文化1924年首先发现于甘肃临洮县的马家窑

首批私立博物馆之一,也是第一座关于陶的专题博物馆。藏品以新石器时代彩陶及周秦汉唐陶器、战国秦汉瓦当、秦汉封泥三大系列兼及其相关领域2 000余件出土文物,构成以古代陶文明为主脉、以艺术考古为特色的收藏体系,构成一部近乎完整而形象生动的古陶文明史,可以较为全面、系统地反映中华古代文明长河中有关陶的创制、使用

网纹彩陶双耳瓶

新石器时代马家窑文化,高43.8厘米,口径9厘米,底径9厘米。马家窑主要以砂质红陶为主,胎质细腻,手制,讲究修饰,彩陶水平已相当高

彩陶鬲

辛店文化。陶鬲是古代煮饭用的炊器,出现于新石器晚期,消失在春秋战国时期。早期形制为敛口、折沿或卷沿、深腹、三袋状足,还有颈部带耳(又称带把鬲)和直口、圆肩,带对称握手或双耳,下有肥胖袋状3足

彩陶壶

辛店文化是中国甘肃省和青海省所发现的原始社会晚期的青铜文化,时间在公元前1300年—公元前1000年,约相当于中原地区的商周时期,为瑞典考古学家安特生于1924年发现

秦封泥

封泥又叫作"泥封",它不是印章,而是古代用印的遗迹——盖有古代印章的干燥坚硬的泥团——保留下来的珍贵实物。因为原印是阴文,钤在泥上便成了阳文,其边为泥面,所以形成四周不等的宽边

朱雀纹瓦当〔汉〕

汉代瓦当以动物装饰最为优秀,青龙、白虎、朱雀、玄武四神瓦当,形神兼备,力度超凡,是这一时期的代表作

千秋万岁瓦当拓本〔汉〕

面径16.5厘米,汉长安城遗址出土。汉代瓦当中,以文字瓦当的数量最大,文字数目不定,最长可达十多字,例如"千秋万岁""长乐未央""万寿无疆""天地相方与民世世中正永安"等

水涡纹瓦当拓本〔秦〕

面径16.5厘米,阿房宫遗址采集。瓦当是古代建筑材料之一,起着保护椽头和房檐的作用,质地多为灰陶,也有铸铁、铜、抹金、琉璃材质的瓦当

叶纹瓦当拓本〔秦〕

面径15.5厘米,阿房宫遗址蔺高村出土。植物纹瓦当最早可上溯到战国时期,手法写实,以自然界中常见的花、草叶为描写对象,其中以秦国的莲花纹、叶纹、花蕾纹较为典型

和审美历史。

馆内许多藏品属于珍稀孤品,尤其秦封泥部分,是秦文化研究史上又一次重大发现,可视为统一的中国封建王朝第一部百官表和地理志,是中国古代政治体制的源头档案。该馆常规展览由"彩陶渊薮""瓦当大观""封泥绝响""古陶序列"4个专题系列600件展品构成。

其中,"彩陶渊薮"系列展出甘肃、青海、宁夏出土的新石器时代晚期以马家窑文化、齐家文化、唐汪文化为主的彩陶近百件,其中有许多保存至今仍惊绝完美的珍稀之品。"瓦当大观"系列是第一个按年代、地域和功用划分的专题瓦当展览,展出从战国至东汉数百年间不同地域、不同功能、不同品类的瓦当140件,其中多有珍稀孤品。"封泥绝响"系列展出秦汉封泥175件,这是迄今最重要的封泥专题展览。尤其秦封泥部分被称为"秦文化史上又一次重大发现",涵盖了秦始皇三公九卿政治体制的各类属官,揭示了数十个失载的秦郡县、宫苑名称,揭示了

泰山太守章

西汉时期的封泥。封泥的使用自战国直至汉魏,到晋以后纸张、绢帛逐渐代替了竹木简书信的来往,才有可能不使用封泥。后世篆刻家从这些珍贵的封泥拓片中得到借鉴,用以入印,从而扩大了篆刻艺术取法的范围

江关都尉章

西汉时期的封泥。泥近圆形,抑印一面稍平,泥边可见交错编篾痕,背有凹入的绳痕,呈交叉状。可据此判断当时封泥容于一竹篾编成的护圈内,是比较特殊的封缄形式

许多与秦始皇及其秦代文明相关的鲜为人知的政治、经济、文化、军事内容,从而被考古界、秦汉史学界的专家称为"秦始皇批阅文书的遗物""是可以弥补《史记》《汉书》缺憾的珍贵文献,是统一的中国封建王朝第一部百官表和地理志,是中国百代政治体制的源头档案"。"古陶序列"展出周秦汉唐2 000年间不同器型与品类的陶制文物130件,从中可以看出古陶文明的演进与发展脉络,较为全面地反映了华夏先民有关陶的创制、使用和审美的历史。

作为注重学术研究的专题博物馆,该馆创办之初即接受北京大学赛克勒考古与艺术博物馆、西北大学历史博物馆的指导和培训,并聘请任继愈、李学勤、李伯谦、王蒙等国内外著名专家、学者为顾问,还与西北大学历史博物馆结成兄弟友好学术合作博物馆。

1998年10月,经路东之馆长及其同仁两年多的努力工作,被称为奇书的《路东之梦斋秦封泥留真》完成。该书由100品珍贵文物秦封泥宣纸原拓构成主体,并配有对每品封泥的精辟考证、旧体诗咏及正背图片,采用传统线装形式,一函4卷、限数80部。不仅内容独特、品位高雅,而且制作匠心,堪称古今同类拓本之最。1999年,作为路东之馆长金石文字原拓本系列作品之三的《路东之梦斋藏甲骨文》60部历时一年完成。该书以100品甲骨原器拓本为主体,辅以每品甲骨的释文、摹本、图片等,版式设计新颖别致而古朴,采用传统线装并配以楠木夹板,将传统和现代、古典与前卫、艺术和考古巧妙糅合在一起,可谓极尽精致、典雅、考究。据悉,《路东之梦斋藏甲骨文》收录的甲骨均为从未发表之新内容,集收藏者多年辛苦收集之功,并由李学勤先生等多位专家、学者逐片鉴定与考释。可以说,这是当代学者和收藏家对纪念甲骨文发现100周年做出的最重要的贡献之一,是对甲骨学的最新奉献,也是"20世纪最后一部甲骨著录"。

文字是人类最重要的精神财富,也是先民留给我们最重要的文化遗产。汉语文字是人类最为神奇而精深的文字体系。以表现文字为主题的收藏内容一度曾是中国收藏家的正宗、主项和热门,也是传统金石学研究的主要范畴。本展以多载体与文字相关内容的文物为展品,以"文字的美奥"为主题,分为"甲骨拾遗、陶文演义、微刻奇观、玺印荟萃、砖文敷美、文献存真"6组内容,旨在从美学角度,将文字的魅力展现给世人。

有一个寓言说,坚硬的铁器嘲笑陶器:"你如此易碎,在世界上能存活多久呢?"陶器笑了:"那就等千百年以后再见吧!"若干年后,人们把陶器从地下挖出来,洗净擦干,仍是光彩照人;再去寻找铁器时,见到的却只是锈迹斑斑的泥土。这就是关于陶器的传说,它衍生了一个民族的文明。

这是一个古陶的世界。作为全国乃至世界唯一的陶文明专题博物馆,古陶文明博物馆演绎了一部近乎完整而又形象生动的中国古陶文明史,人们可以充分感知它的恒久魅力,感知中华民族文化艺术的价值和尊严,这也许就是博物馆创办人路东之先生的初衷吧!

4.青铜生活

炎热的夏天我们会吃一些冷饮,古人是否也会有我们这番享受呢?有兴趣知道商周时期的人是怎样请客吃饭的吗?走进国家博物馆珍藏特展,去了解一下青铜时代人们的生活。

有一个词语叫"钟鸣鼎食",讲的是过去大户人家用鼎来装食品,这就让人们想起了青铜时代,鼎和食物之间,是什么样的关系呢?过去人们又是怎么样生活的呢?

一提到青铜时代,就会联想起古人给我们留下的关于青铜器的词汇,"一言九鼎""问鼎中原""加官晋爵",这个"爵",也是青铜器。

中国国家博物馆曾举办的珍藏特藏,其中展示了20多件青铜器,虽然不是特别多,但都是从国家博物馆所藏青铜器中特别挑选出的精品。很多我们平时耳熟能详的青铜器都在展示之列,我们熟悉的大盂鼎、虢

后母戊大方鼎

商代后期王室祭祀用的青铜方鼎，1939年3月19日在河南省安阳市武官村一家人的农田中出土，因其腹部著有"后母戊"三字而得名，现藏于中国国家博物馆

季子白盘、乳钉纹铜方鼎、四羊方尊这些国之重器都在展览之列。河南安阳妇好墓出土的三联铜甗，以及蔡申方铜壶、曾侯乙墓出土的铜冰鉴，还有龙虎铜尊、吴王夫差剑、栾书铜缶、偶方彝也都一起展出。时间横跨青铜时代的初期到青铜时代的晚期，商、西周、春秋、战国、秦、汉这六个时期。无论从器物本身的制作工艺水平，还是所承载的历史文化，都能反映青铜时代各个时期的特点，从一个侧面展现了青铜时代人们的生活状况，对于我们更好地了解青铜时代，同时了解青铜时代人们的生产、生活有着极大的帮助。

青铜时代本来是考古学上的一种分期，就是著名的三期说：第一期是石器时代；第二期就是青铜时代；第三期是铁器时代。这是瑞典考古学家汤姆森根据本国博物馆的资料分期，

四羊方尊

是我国现存商器中最大的方尊，高58.6厘米，重近34.6千克，1938年出土于湖南省宁乡县，现藏于中国国家博物馆。方口，大沿，长颈，高圈足，肩部四隅是4个卷角羊头，尊腹即为羊的前胸，羊腿则附于高圈足上

大盂鼎

西周青铜器。高101.9厘米，口径77.8厘米，重153.5千克。鼎腹内291字铭文，记载周康王二十三年九月册封贵族盂，并对盂进行赏赐的史实

偶方彝

商代青铜盛酒器。1976年河南安阳殷墟妇好墓出土。高60厘米，口长69.2厘米，口宽17.5厘米，重71千克

后来发现，这对其他国家也基本适用。青铜时代就是介于石器时代和铁器时代之间，用青铜来制造工具、兵器的一个时代。但是我们中国的青铜时代，跟他们有不一样的地方。我们的礼器非常突出，他们则主要是生产工具，如兵器，打仗用的刀、剑等青铜器。我们有很多容器，甗、鼎这一类的。这是最大的特点。

不同的容器，功能、装的东西都不同。比如，鼎是装肉这一类的东西；簋主要是装谷物的；还有一大批东西是来装酒的。这些东西都是在祭祀祖先、祭祀神灵的时候用的。这种用途有明确、严格的分工。

虽说是青铜时代，但并不是每一户人家都用得起青铜器，一般的老百姓是用不起这些东西的，只有那些贵族才用得起，青铜在当时是很珍稀的资源，是一种社会阶层的标志。这种祭祀用的礼器会反复使用，祭祀离不开吃，给祖先吃，给神灵吃，献祭，人的生活当中也要吃，所以这些青铜器在贵族的宴会当中也被使用。死后还要继续享受，青铜器就成了随葬品，埋在墓葬里。规格也和生前一样，比如诸侯七鼎，死后也埋葬七鼎。

无论在什么时候，吃都是人的最基本的生活需求，从目前出土的青铜器可以看到食器、酒器占到了大多数。虽然它们多以礼器的形式存在，但不可否认在当时拥有这些青铜器的奴隶主、贵族们的日常生活中也被大量使用。因为这是社会地位的象征。而宴会作为生活当中重要的社交活动更是显现身份和富有的机会。

贵族的宴会一般都是菜盛出来，装在各种不同的容器里，放在每个人的面前。吃饭也有些规矩，孔子的时候，不能把饭抓成一团吃，因为团饭会让人联想到小气、贪婪、争食。

同样一个贵族，在过节的时

青铜冰鉴

1977年出土于湖北随州曾侯乙墓中，由铜鉴、铜缶组合而成，缶套置于鉴内。这套酒器设计巧妙，铸作精细，形体壮伟，在现知商周青铜酒器中独一无二

候，或者重大的礼仪活动当中，吃的就要讲究一些，平日可能就要差一些，比如说天子九鼎，鼎里头装的是什么呢？最大的鼎装的是牛，第二个是羊，第三个豕（就是猪），然后就有肤（皮肤的肤），目前猜测比较倾向于是皮、内脏、鱼、腊（就是腊肉）、鲜鱼、鲜腊。鲜，新鲜的鲜；生，生鱼和生腊。这是九鼎。诸侯呢，是七鼎，那就少两种了，把鲜鱼和鲜腊去掉。五鼎就是羊打头的，最大的一个鼎里只能用羊。那么到士就是三鼎或一鼎，最少的一鼎，只有猪。

这一套制度到周代非常严格，实际上这就是一种排场，这之前商代是不是这样呢？目前还不太清楚，但是肯定有一个等级的差别，就是说

鬲

古代煮饭用的炊器。铜鬲最初是依照新石器时代已有的陶鬲制成的。其形状一般为侈口（口沿外倾），有3个中空的足，便于炊煮加热。铜鬲流行于商代至春秋时期

簋

盛食器和礼器，流行于商至春秋战国时期，主要用于放置煮熟的饭食。史书记载，天子用九鼎八簋，诸侯用七鼎六簋，卿大夫用五鼎四簋，元士用三鼎二簋

我是个王，我有资格讲这个排场，而你哪怕讲得起这个排场，因为你不是王，你也得跟我不一样，你比我要差一点。到了东周以后开始乱套了。

在珍藏特藏中有一件青铜器引起了很多观众的兴趣，这就是湖北曾侯乙墓出土的铜冰鉴，可说是古代的冰箱，它是一个两件套装，内层是缶，用以装酒或水；外表是鉴，在夏天可以装冰，用来冰镇缶里的酒或水。在炎热的夏天喝一杯冰镇的米酒，古人的生活也有惬意的一面。实际上它可以说有3个功能，它有一个盛酒的容器，可以冰酒，也可以冰其他食物；"鉴"这个字呢，本身就是照镜子的意思，它这个水器很大，放进水以后，可以照脸；还可以做澡盆洗澡。看《庄子》可知，大的贵族妻妾3人，3个老婆在同一个鉴里面洗澡。

那么青铜器究竟是先作为礼器存在的，还是作为实用器具存在的？

从中国的铜器发展来看，先是使用自然铜，我们叫作红铜，它是天然的，加工成一个锥子，做一把小刀子，发明铸造技术后就是一个

大的突破，可以做成非常复杂的像鼎一类的东西，所以青铜器一出现，就是作为礼器。因为从生活用具到礼器的转变，在石器时代已经完成了，原来有些陶器是实用的，后来原始社会人也要祭祀，怎么办呢？就做了一些陶的礼器，青铜一出现就直接仿陶礼器做成了青铜礼器。

青铜也常被铸成兵器，从礼器到兵器，有一个先后的次序吗？

这几乎应该说是同时的，因为最早的所谓生活小件用具，后来慢慢发展到刀子这一类东西，慢慢地就发展到兵器，因为兵器做起来简单，在铸造复杂的礼器之前，就可以做兵器了。

也就是说，青铜诞生之后，有两大主要用途，一是咱们说的祭祀或者实用器具，二是兵器。

"国之大事，在祀与戎。"战争成为国家生活中对外的首要事务。夏、商、周时期的战争均是以掠夺财物和人丁为目的，这也是维持国家统治和强化国力的重要手段。当时最先进的生产技术首先用于兵器的制作。青铜的兵器不但比石质兵器锋利、耐用，更为重要的是，即使青铜兵器坏了、断了也可回炉重新铸造，这是石制兵器无法比拟的。

爵

饮酒器，青铜爵最早出现于夏代晚期，盛行于商代晚期。爵的基本形制是前有流，即倾酒的流槽；流与杯口之际有两注，后有尖锐状尾，中为杯，一侧有柄，下有3足

羊尊

尊是大中型盛酒器和礼器，流行于商与西周，春秋后期偶有所见。商至战国期间的牺尊，将尊铸成牛、羊、虎、象、豕、马、雁、凤等动物形象，统称为牺尊。此图按动物形象称为羊尊

盘

盛水器。流行于商代至战国,作用是承接盥洗时用匜浇下的洗手后的污水。商早期即出现,至战国以后演变为洗,仍在使用

青铜兵器种类繁多,并且随着技术的发展和战争的需要不断更迭,而最先出现的两种兵器一个是矛,另一个就是戈。

戈不像刀能砍,又不像枪能戳,它的出现和我们过去的文化积淀有关系,它可能最初来自一种生活工具,特别是镰刀类的生产工具,在生产当中使用。原始社会末期产生了战争,最开始的时候所谓战争也和现在的械斗、农村之间打架差不多,用一些生产工具就打起来了。后来进入了青铜时代,就用青铜铸造成武器,可以钩杀,往回一钩一大片;也可以推杀,因为前面也有刃,可以向前推杀,还可以用"喙",就像鸟一样,用那个尖砸脑袋。西方没有,这是中国的特色,西方有矛,当然中国也有长矛,矛就只有刺这一点,从兵器上也可以看出文化的异同。虽然青铜时代这个说法是来自瑞典,但是中国这一套兵器,是在我们特定的环境中产生的,比如说很多是挥动的,像戈的运动轨迹就是一扫一大片。这就形成了一种连续性的流动的文化,而西方可能最早狩猎经济占的比重更大一点,人用长矛打野兽,后来发展成兵器,用刺多一点,现在的餐具也用叉,我们用筷子,筷子也是一夹,也是流动的、连续的轨迹。

在那个时代,青铜是很难得到的一种资源,尤其是兵器。《左传》上有这么一个故事,说郑国的国公见了楚王,楚王一高兴就答应给他铜料了,但是这个话说出口,他又后悔了,马上很认真地跟他讲,我给你铜料可以,你不能拿去造兵器,所以郑国的国公拿回来铸了3口钟。可见铜兵器在当时生活中的重要。

在商代，中原地区制作青铜器的技术已经达到很高水准，其中的秘密就是以黄土为原材料的"范"，也就是模具。黄土沾湿后经过适度揉捏，就会成为品质优良的黏土。把黏土贴在器物上，就可以复制出这个器具的外形作为"范"。这类工作需要耐心，必须把黏土均匀地贴在器物表面的每个沟槽内，而这些沟槽只有不到1厘米的宽度。把这些印有器物表面纹样的黏土接在一起，就做成"外范"。干后的黏土坚硬，并且能够耐高温。像这种湿的时候非常柔软、干后又坚硬得像石头一样的优质黄土，最适合做模具。模具在窑炉中烘烤8个小时后，趁热将青铜熔液注入其中。熔液高达摄氏1 100度，但黄土制作的模具能耐这样的高温。待熔液冷却后，将黄土范凿破，就可取出青铜器具。一个模具只能做一个青铜器，因此不难想象，殷人是多么珍视青铜器。

当时的铸造技术和冶炼技术，同样也实行技术保密。当时的青铜器对于中原地带、黄河一带的统治者也是非常重要的。从什么时候，青铜器走出了贵族专用领域，真正融入民间，变成一种民用的东西？大致是从战国时期，那时很多人用青铜带钩（衣服的钩），青铜钱币也很多见。

5.城市的记忆——首都博物馆

每天早晨，当太阳刚刚从首都博物馆这片古旧的房顶上升起时，楼朋竹也开始了自己一天的工作。这里是首都博物馆的文物修复中心，楼朋竹是这儿的字画修复员。今天她要开始修复新的作品，在她隔壁，她的同事吕淑玲修复一个汉代的陶罐已经有一段时间了，她们每天的工作就是修复首都博物馆里收藏的文物，让它们能够以最接近原来的样子展现在人们面前。

对许多人来说，历史也许是祖先留下的几个古老故事、几首唐诗宋词，但在首都博物馆，历史已经浓缩在纯然古朴的泥陶瓦罐中，凝固在高贵典雅的精美瓷器上，历史就是北京从3000多年前西周的番国都邑到今天东方大都市的漫长岁月中留下的成长的记忆。远离城市的喧嚣，北京的这条国子监街，街道两旁绿树成荫，行人稀少，和不远处人头攒动的雍和宫相比，显得格外清静幽雅。在这儿休息的老人们也许很少注意到路边这块清代的下马碑，上面用汉、藏、回等6种语言刻着"官员人等至此下马"几个大字。在中国古代的等级制度中，下马碑是一种特权的标志，它预示着可以享有某种和皇帝同等的待遇。这红墙黄马的建筑同样是一种神权的象征，它代表的是一种尊严和权威，这里就是首都博物馆老馆所在地——北京孔庙。从公元14世纪开始，元、明、清三代皇帝就在这里祭拜孔子。20世纪50年代的文化部副部长郑振铎和北京市副市长吴晗在参观苏联莫斯科博物馆后受到启发，首都博物馆由此开始筹建。几十年来，作为一个地方性的综合博物馆，首都博物馆收藏了许多关于北京的珍贵文物。如果说孔庙是一座辉煌的文化殿堂，那么首都博物馆收藏的文物就是这殿堂中无价的瑰宝，在孔庙东西5殿中展出的古都文化展，就像一本厚厚的北京地方志，记载着这个文明古都曾经经历过的荣辱兴衰。1999年为容纳更多的藏品，北京市政府批准首都博物馆新馆建设项目立项申请。2006年5月18日，首都博物馆新馆正式开馆。

馆藏文物可以概括为两大特点：一是门类比较全，青铜、陶瓷、字画等都有；第二个特点，就是出土文物比较多。北京作为一个古城，有着50万年的人类发展史、3 000余年的建筑史和近千年的建都史，留下的极其宝贵的历史文化遗产，融合了我国不同时期、众多民族的优秀文化。北京市70年来大部分出土文物在首都博物馆收藏，可以说整个北京市的历史发展进程，用文物都可以说明。

据《史记》记载，周武王十一年灭纣，"奔少公事于北燕"，北燕就是今天北京房山琉璃河，公元前1045年，北燕国就在这里建起了自己的都城，由此开始了北京建城的历史。

在西周这样一个贵贱有等、上下有别的奴隶社会里，统治者建立起了一整套完整的礼遇制度来规定各个阶层必须遵守的尊卑贵贱。自西周中期起，天子用九鼎，诸侯用七鼎，大夫用五鼎，元士用三鼎，士用一鼎，被明确作为礼制规范下来。于是这厚重的青铜器成为当时贵族专用的礼器，是尊贵和权力的象征，获得者常常世代相传，天子也常将它们赏赐给有功之臣，这就更赋予了青铜器一种神圣尊严的意义。首都博物馆收藏的造型浑厚端庄的堇鼎是1975年在房山琉璃河墓葬中出土的大量西周青铜器当中的一件，它是目前北京地区发现的商周青铜鼎器中最大的一件。高62厘米，重41.5千克，是个圆鼎，有双耳，颈部有饕餮纹。内壁有铭文4行26字，记录了堇作鼎的缘故。这段铭文很有历史价值，填补了文献史料对古燕国记载的不足，进一步证实了北京琉璃河地区为古燕国的始封地。

鼎是当时的一种饮食器具，用于烹煮或盛鱼肉以供祭祀或宴享之用。《史记·燕召公世家》里讲第一代燕侯——召公奭被封于北燕之后，"下九世至惠侯"，中间有八世燕侯都是空缺的。根据琉璃河考古，研究人员已经把第二代和第三代补上了，那就是召公奭长子燕侯克和三子燕侯旨。周刚建国不久武王就死了，成王即位时年幼，于是召公奭和周公旦就留在周都辅佐年轻的成王，召公奭派其长子克赶赴封地燕就封。同时召公奭仍作为名誉的第一代燕侯存在。克到了燕地后，把燕治理得井井有条。这年秋天，第二代燕侯克决定派遣其先前死掉的太子癸的近侍堇为使臣，带上燕国的美食土产，

堇鼎

西周早期青铜器。1975年北京房山琉璃河黄土坡燕国墓出土，折沿方唇，厚重的立耳外侈，做鼓腹。口沿下和3足均作兽面纹。内壁铸有铭文26字，记载燕侯命堇往宗周向太保（召公奭）奉食，太保赏堇贝，堇作器

到周都沣、镐去探望老父亲召公奭，顺便奏报一下燕国的近况。

董是位60岁出头的燕宫近侍。一路晓行夜宿，一月不到就赶到了周都镐京，将礼物和书信交给了召公奭。召公奭心中大喜，又见董为人老成可靠，会办事，给了他很多赏赐。董回到燕都后，就用这些赏赐特地为他过去侍奉的心爱的亡太子癸做了一件青铜祭器大圆鼎。四时八节，牺牲常供，寄托他对太子癸的一片哀思，表表老仆的一番忠心。这件鼎，后来随董的儿子、仍作燕侯近臣的圉下葬。圉的墓在1975年被考古工作者发掘，编号为M253。墓里出土的这件鼎，就是董鼎。

当时还有一种叫鬲的饮食器具。所谓鬲，就是指炊粥的器具，《汉书》中记载空足鼎为鬲。公元前11世纪，燕国大臣伯矩因为受到燕侯的赏赐，为纪念其父，于是就有了眼前这件伯矩鬲。它高31.2厘米，口径23厘米，重7.6千克，造型雄伟壮观，工艺精湛，充分反映出西周早期燕国青铜器铸造工艺的最高水平。

该鬲又名牛头鬲，因为工匠选取牛头为主体纹饰，它全身的牛头数量共有7个之多。在商周时期，牛是祭祀中最高规制的祭品，贵族占卜也常用牛肩胛骨，而祭祀、占卜在当时是最神圣的事情，牛首是青铜礼器纹饰中较为常见的题材。但如伯矩鬲这般多达7个牛首的造型却是极为罕见。由此可见，这件伯矩鬲绝不是一般的食用炊器，而应是一件珍贵的神圣祭器。

目前伯矩鬲已成为首都博物馆的代表藏品。特别值得一提的是馆藏西周重器——斑簋，它是铸于3 000多年前周成王时代的青铜礼器，造型瑰丽，文饰古朴。器内有190余字的铭文，

伯矩鬲

西周早期青铜器。1975年出土于北京房山琉璃河黄土坡西周燕国墓。有铭文15字，记贵族伯矩受燕侯赏赐贝，为纪念而作器

堪称周器铭文中的鸿篇巨著。斑是西周成王时的一位大臣，簋则是一种今天已经找寻不到的饮食器具。自从斑簋问世以来，一直辗转流传，1935年，郭沫若在编纂《西周金文辞大事记》时，曾将斑簋收录其中，只是一直没能亲眼看见原物，每每引为憾事。直到20世纪70年代，人们才重新发现斑簋的踪迹。

斑簋

铸于3000多年前周成王时代的青铜礼器，造型瑰丽，文饰古朴。器内有190余字的铭文，堪称周器铭文中的鸿篇巨著

当时它是在北京废品公司被发现的。抢救出来的斑簋，已经是一堆碎片，器身缺1/3，碎成十几块，残片已变形，器耳仅能拼凑成一耳的上半部和另一耳的下半部，只剩下一条腿和底座是完整的。就是从这些残碎的铜片上通过对上面的铭文研究，专家们获得了有关西周时期的宝贵历史资料。在仅有的碎片基础上，经过大量的考证对比，整形、焊接、补配、整花、做旧等一道道工序，这件造型奇特的珍贵文物终于重现3 000多年前的旧貌。

1972年，当郭沫若老先生看到40年来他一直牵挂在心的斑簋以后，抚今追昔，不禁感慨万千，写下了《斑簋的再发现》一文，表达他内心的激动之情。从伯矩鬲和斑簋这样的青铜铸器，我们可以想象西周的强盛和豪放，然而这个强大的王朝并没能保住千秋基业，很快在一片诸侯纷争的战火中被永远留在了历史的尘埃中。

西周灭亡200多年后，在鲁国出现了一个叫孔丘的人，尽管他生前一直没有实现他的理想，但在去世后他的思想却越来越被统治者重视，连远在草原的少数民族也看到了他的威力。当蒙古大军的浩浩铁骑征服了整个中原大地，为了加强思想统治，为了笼络汉族的封建贵族和士大夫，当时的元世祖就下令修建孔庙用来祭祀这位老夫子。以后又几经修复，清朝乾隆年间，皇帝甚至亲批，孔庙可以使用最高贵的黄琉璃瓦，而这种明黄色在当时是只有皇帝才能享用的。直到今天，北京的孔庙仍是仅次于曲府孔庙的全国第二大孔庙。因为孔子对中国古文化做了集大成的工作，在中国文化史上有继往开来的作用，所以祭祀孔子的典礼十分隆重，一般都在大成殿举行。主持祭祀典礼当然是皇帝的特权，历代祭孔都是从祭日前的午夜开始到次日拂晓时分才告结束。开始时钟鼓齐鸣，鼓乐声声，那是一个极其讲究礼仪、极其隆重的时刻。如今游客来到这里，依然还可以听到悠扬的乐曲声，每年首都博物馆依然还要在这里举行祭孔的活动。对于孔子，中国人的心中永远都怀有一种尊敬和景仰。

早在孔庙建成400年前的辽代，从草原上走来了一个叫契丹的少数民族，他们赶着牛羊，骑着骏马在北京安营扎寨，开始了他们的定居生活。公元938年，当年的古燕国都城走过了从西汉到隋唐的千年岁月，北京已经是著名的燕云十六州中的幽州，是一个赫赫有名的北方城市，辽太宗把幽州改名为南京，使北京成为辽代的陪都。100多年后，金代同样把都城建在北京，从这时起，北京开始向政治文化城市转变，也揭开了北京首都地位的序幕。对于一个习惯了游牧的民族来说，无论定居在哪里，草原也许是他们心中最向往的地方，于是辽代在北京城里留下了自己特有的草原气息，许多这个时候的出土文物都非常具有当时的特点。首都博物馆收藏的马镫壶就是一种契丹族特有的器具，因为壶的形状像

马镫壶

由北方契丹族用的盛水的皮囊演变而来，是北方少数民族具有特色的瓷器样式，因为壶的形状像骑马用的马镫而得名

骑马用的马镫而得名。契丹人入主中原后有一个汉化的过程，皮囊壶就逐渐被精美的瓷器取代，可如果你仔细看这个瓷器的马镫壶，它的样子还是皮子缝成的样子，它的纹饰都是针脚花纹，连釉色都做成仿皮效果。这正反映出它是从契丹族游走草原时用来盛水、装食物的皮囊壶演变过来，这也就是落后的民族和先进的民族进行文化交流的一种社会进步。

这个鎏金银面具同样是契丹族特有的，面具的脸部轮廓十分清楚，这种契丹贵族专用的面具让我们看到的是这个民族与众不同的丧葬习俗，面部往往覆罩一件面具样的金属片，躯体则用锦彩络缠或用银铜丝网络络住，以为饰终之仪。

就是在这个时期，制瓷也在前朝的基础上渐渐有了新的发展，首都博物馆收藏的于 1963 年在北京顺义辽代塔基地宫出土的定窑白釉童子诵经壶就是其中的精品，也是北宋造型艺术用于制壶的一个少见的例子。因为当时绝大部分的壶还是鼓腹、长流。流（壶嘴）的位置有的在肩上，有的在腹部，但极少有低于腹部中线以下的。童子诵经壶高 27 厘米，口径 3.3 厘米，为人形圆雕式壶身，童子束冠，头顶设孔以注水，童子闭目，手中当胸捧着的翻卷经卷是为流，柄在身后，像腰带在背后打了个结，巧妙之极。人体中空为壶腹，底部略呈六棱形，构思巧妙，壶形细薄而精实，釉色显得晶莹细润有光泽，充分体现出制瓷匠师的高超技艺。目前国内只有一件，属于国家一级保护文物。

除少部分具有契丹特色的瓷器外，首都博物馆收藏的这个时期的出土陶瓷，大部分是以童子诵经壶为代表的明快的白瓷，毕竟辽代只是一个偏安北方异域的地方政权，与北宋长期交战，使南方瓷器没能在北京长留，这种情况

鎏金银面具

该面具面颊丰满，眉骨外突，双目微闭，两耳肥大，耳垂和耳部各有一小圆孔，可以穿系，细密的短发纹清晰可见。面具形象具有我国古代北方少数民族的特征

童子诵经壶

壶高27厘米，口径3.3厘米，为人形圆雕式壶身，童子束冠，头顶设孔以注水，童子闭目，手中当胸捧着的翻卷经卷是为流

一直延续到金代。而统一的元朝出现，则打破了南北对峙的局面，从此在这个统一的多民族国家里，作为首都的北京，也走向它的辉煌和昌盛。关于这个时期，首都博物馆同样收藏了大量元、明、清时期出土文物，同样为我们国家保留了许多珍贵记忆，同样有许多成功的往事要告诉我们。

首都博物馆老馆的所在地孔庙是元、明、清三代皇帝祭祀孔子的地方。在中国古代，每一个小孩子在上私塾的第一天就会被先生领着去拜孔子的像，这样才算正式进了师门。人们把孔子尊称为孔圣人，就在这

孔庙大门

首都博物馆老馆所在的孔庙，三进院落，占地约22000平方米，是仅次于山东曲阜孔庙的第二大先师庙，初建于元大德六年（1302年），迄今已有700多年的历史

孔庙进士题名碑碑林和"题名碑"局部

碑林包括198座石碑。北京孔庙里的进士题名碑,始于元代。皇庆元年(1312年)开科取士,把新科进士的姓名刻石立于太庙,以显示他们的荣耀

孔圣人温厚的目光注视下,首都博物馆多了一份别的博物馆少有的深沉和凝重。当然对中国古代读书人而言,所有的努力只是为了有一天能够金榜题名,平步青云。孔庙先师门两侧立着数排高大的石碑,这个是负有盛名的元、明、清三代进士题名碑,碑上刻着共5万多名进士的姓名、籍贯和他们的考试名次。历史上许多今天家喻户晓的人物都可以在上面找到他们的名字,例如著名诗人龚自珍、虎门销烟的民族英雄林则徐、清末的封疆大吏李鸿章等等,当然最引人注目的还是那个喜欢给乾隆皇帝找点别扭的刘墉。不可否认,正是这些读书人以自己的才干在中国的历史上写下了重重的一笔,而北京历史在最初建立这些题名碑的元代,已经有了新的发展。

1272年,忽必烈听取大臣刘秉忠的建议,改金代的中都为大都,两年后,忽必烈在大都的宫殿接受了朝贺,北京也成了远近闻名的元大都,这是一个让意大利人马可·波罗啧啧称赞的充满活力的东方大都市。首都博物馆里元代的出土文物就记录了这个都市的繁荣景象。

人们在元大都遗址上发现了一颗玛瑙围棋子,在墙下压着。这颗围棋子散落在门槛的里和外,根据当时的历史情况分析,可能是人们正在下棋,就被军队赶走了,那个地方就给平了,于是棋子就压在了墙底下。这也反映了元代大都当时人们的文化生活。

今天不少外国游客来首都博物馆参观,总会惊叹于中国的古老建筑和古老文明的伟大,而早在元代那个东方大都市中,手工艺的水平就已

青花凤首扁壶

这是一件酒器,壶呈独特的扁圆形,壶嘴造型是高高昂起的凤头,手柄是卷起的凤尾,以这种立体表现手法与壶体平面绘画的凤身有机结合,造型生动别致,独具匠心

经相当精湛,许多的贵族大家还常常挖有地窖,用来收藏一些制作精巧的珍贵瓷器。20世纪70年代就在北京鼓楼大街元大都遗址的一个窖藏中发现了一个稀世的青花凤首扁壶。

当时是在挖防空洞时,工人发现窖藏了,就通知考古队,考古队捡了几片瓷片回去。一看,这几片青花可不是一般的青花,会不会是元代的青花?这样考古工作人员把所有挖防空洞的土,用筛子一筛子一筛子地筛,凡是瓷片都给捡了回来。

当时收集的碎片共20多片,当这些碎片拼凑起来时,展现在人们眼前的是一只展翅飞翔的凤凰,整个壶呈独特的扁圆形,是一种酒器,它的壶嘴造型是高高昂起的凤头。据说,从凤嘴里可以流出两股酒水,也就是说可以同时倒满两杯酒。酒壶的手柄就是卷起的凤尾,以这种立体表现手法与壶体平面绘画的凤身有机结合,造型生动别致,动感突出,独具匠心。而通体用青花勾画的凤身,即使很多个世纪后的今天,扁壶上这幽蓝色仍让我们感受到来自元大都的美丽。扁壶用的这种原料,根据陶瓷和考古学者研究,证明是从中东进口的苏青料。只有用这种料在适当的温度下,才能烧制出成色比较艳丽的作品。一旦这种青料断绝以后,就永远烧制不出这样的作品了。

佛教的兴盛带来了佛教艺术的发展,在首都博物馆收藏的一尊元代景德镇窑青白釉水月观音菩萨像,她的端庄安详是如此的与众不同。自然的神态,随意的坐姿,袒胸赤足,庄严中显出了亲切慈祥。这件瓷塑像高67厘米,1955年出土于北京西城区定阜大街西口。菩萨像头戴宝冠,宝冠上有小化佛,已残。额头宽阔,双目微闭,气质高雅。右腿支

青白釉观音像

像高67厘米,1955年出土于北京西城区定阜大街西口。菩萨像头戴宝冠,宝冠上有小化佛,已残。额头宽阔,双目微闭,气质高雅

起,左腿下垂,右臂放在右膝上,神态优美,这种姿势的观音一般称为水月观音。观音上身穿袈裟,下身着长裙,通体施青白釉,釉色白中泛青,胎质洁白细腻。胸前及衣裙上饰联珠璎珞,手腕戴臂钏,全身装饰十分繁缛。所有的小饰物都晶莹剔透,点缀恰当,在柔和的淡青色中,观音微笑着注视芸芸众生,人们感受的只是一种来自内心的宁静。

元朝最强大时曾把版图拓展到今天的欧洲,但100多年后,成吉思汗的子孙却没能抵挡住一个凤阳农民的进攻。1368年,朱元璋建立了新的王朝——明朝,而此时蒙古大汗依然在北方大漠驰骋,于是明成祖朱棣在1421年迁都北京,借此加强对北方的整治,北京从此成为明清两代的国都。今天的北京城就是历史上明代北京城的延续和发展,因此常常能找到明清两代的遗迹。一件高11.5厘米、口径25.3厘米的青金蓝釉钵是明代宣德年间贵族休闲娱乐时掷骰子用的,钵直口,平底,内底有"大明宣德年制"双圈青花款。宣德时创烧,用的是和元代青花凤首扁壶同样的苏青料,上釉方法是以竹管蘸蓝釉汁,吹于器表,形成厚薄不匀、深浅不同的斑片,片片留白,如雪花飞舞。这是明代单色釉瓷器中的上品,目前国内只有这么一件。

青金蓝釉钵

这是明代宣德年间贵族休闲娱乐时掷骰子的用具,钵直口,平底,内底有"大明宣德年制"双圈青花款

斗彩葡萄杯

明代瓷器珍品。1962年北京海淀出土,高4.8厘米,胎骨薄至透明。外壁用彩色绘葡萄纹,青花勾线,微带绿色的鹅黄,像熟葡萄一样的紫色,显得娇艳透亮。底书"大明成化年制"款

　　只此一件的还有旁边这件明代成化年间的斗彩葡萄杯。

　　所谓斗彩,是一种以釉下青花和釉上多种彩结合而成的品种,又称"青花填彩",先用釉下青花勾绘花纹轮廓,然后入窑,这就需要高温进行烧制;再在轮廓线里,根据花纹纹饰需要用彩填绘,然后第二次入窑进行彩烧,使釉下青花与釉上彩结合在一起,互相争奇斗艳,故称之为"斗彩"。如此复杂工艺制作的杯子可不是一般人用得了的,早期的斗彩瓷器全属于御用的官窑瓷器。据说《红楼梦》第四十一回宝玉款待刘姥姥时用的就是这种小巧玲珑的杯子。

　　事实上,由于明清两代都把北京当作都城,这里云集了当时的王宫贵族、富贵之家,他们希望死后在另一个世界过着和现实世界一样富足、悠闲的生活,因此首都博物馆里收藏的很多文物是从明清时期的墓葬中出土的。首都博物馆老馆的这些碑亭记载了清朝康乾盛世时帝王南征北战、统一中国的大事。这是中国封建社会发展繁荣的主要时期之一,这个时期的朝廷十分重视瓷器的生产,在景德镇设立了御窑来烧制专门供皇室和贵族享用的瓷器。清代的官窑,皇帝都委派监督官员代表皇帝住在御窑场里监造。有些瓷器的样式都是在皇帝亲自定夺以后,再交给景德镇的监督官:"你就照这个样子给我烧制!"没准一件东西烧制10件、20件,其中只有一件选中,其他都得打碎。

　　古书记载景德镇古城清贫,因位于昌江南岸,又叫昌南镇,北宋真宗景德年间(1004—1007),昌南镇监制宫廷用的瓷器,并在瓷器底部印上"景德年制"的字样,由于制作精美,这里成为远近闻名的瓷都。据传说,中国的英文名(China)便是"昌南"(Changnan)的音译。真宗皇帝因欣赏昌南镇所产的瓷器,将其年号赐给了这里当地名,易昌

南镇为景德镇，从此景德镇之名便誉满天下（这是历史上第一次由皇帝将其年号赐给一个地方当地名）。乾隆年间的景德镇一派繁忙景象，官窑的产品自然首先满足于朝廷，于是统治者的个人爱好或多或少会在瓷器上有所反映，当时的监督官唐瑛就常常烧一些奇特的品种来迎合乾隆的嗜好。光阴荏苒，物是人非，今天所有的喧嚣和热闹都已经烟消云散，只有这一件件出土文物在默默地告诉我们，历史曾经有过的人和事。穿梭在这历史的长廊里，人们总会忍不住去猜测每一件文物背后会有什么样的故事，而那些泼墨挥毫的中国字画背后又会是中国文人怎样的一种人生境况。

八骏图易州砚〔清〕

长18.3厘米，宽12.6厘米，厚2.8厘米。易州砚，因产于易州（今易县）而得名。此砚取自易水河畔石材，砚盖浮雕八骏图。现藏于首都博物馆

仿六朝砖砚〔清〕

长35.8厘米，宽17.9厘米，厚4.3厘米。澄泥砚，砚色为澄泥上品鳝皮黄，并浸有大片墨渍。现藏于首都博物馆

秋叶青玉砚〔明〕

长15厘米，宽7.8厘米，厚1.6厘米。玉砚的制作始于汉代，为观赏之用。此砚青白玉雕成硕大花叶，叶面上栖一蝉，叶脉以阴刻线而成。现藏于首都博物馆

松江石小砚〔清〕

长11厘米，宽9厘米，厚2.2厘米。以松江石为砚，砚盖制作精巧，砚背刻有"乾隆年制"四字。现藏于首都博物馆

在文物修复中，字画修复无疑是我们现代人对古代文明的一种最直接的触摸，出身于收藏世家的楼朋竹从事字画修复已经有20多年了，从小熟悉的那些古老的艺术品，现在在她手里又重新焕发出新的光彩。

字画修复最主要的设备就是案台和墙，不过可不要小看了这些案台和墙，里面可是暗藏玄机。

墙主要是用来挂修复中的字画，要求有很好的吸水性，所以墙并非是一般的水泥墙，要在墙面贴上35层高丽纸（高丽纸是一种相对较差的宣纸）。而揭裱、托心等工作都是在红漆案台上完成的，这些案台都是专门请北京故宫博物院特制的。案台全是实木制成，而且并非简单地刷漆上色那么简单，而是要先用麻绳一圈一圈缠裹，然后再抹灰上漆，也就是俗称的"披麻带灰"，这样能保证案台长久不变形。

字画修复的整个过程需要30多道工序，包括揭裱、托心、清洗、全色等，都是细致的纯手工活。其中最困难的就是全色，有些字画因为年代久远，发生断裂或者被霉菌腐蚀破洞，图案没了要补上，字缺了要补全，这就要求修复人员对字画作者的字体风格、作品的历史背景都要十分了解，而且修复人员都要求练习毛笔字，楼朋竹现在还在上书法学校。"只有先打好基础，才能模仿出古人的字"。

书画取出后先要去掉画面上的污点，截取泛黄的边框，是字画修复的第一步，接下来还要洗画，就是把字画和原来的装裱物分离开来，同时要完好地保存原来的作品。清洗时不能直接浇水，要用软毛笔蘸着80摄氏度的热水，一点一点地淋洗，这样的清洗常常要进行四五遍，洗下来的水最初都是黄色的。揭画的过程更是必须小心翼翼地把书画"搓"下来，不能有一点损伤。然后再在裂缝处贴条黏合裂纹，遇到破洞，要用预先做旧的泛黄的宣纸补在后面，然后调配出与原作相同颜色的颜料画好，所选的墨都是清代或民国年间的老墨。

以清代著名书法家翁方纲的一件《临华山碑》书法作品为例，楼朋竹修复它已经有两年时间了。这件长560厘米、宽122厘米的作品，从库房取出的时候已有很严重的残损,从上到下的通裂缝共 5 条,还有数不清的裂纹,纸张十分酥脆,如果再放上一年,就脆得拿不起来了。当时取出来的时候,也是下面垫上纸,用糨糊一点一点黏好才能拿起来。

　　陶瓷修复首先要对陶瓷进行清理,由于岁月的沉淀,陶瓷出土时往往是一堆碎片,李树林现在要做的是把它们对接起来。在这堆碎片中找出相邻的两片,不是件容易的事,然后还要考证文物所处时代其他同类文物,把这些小碎片一个个拼凑起来,如果其中有缺块的,还要用石膏根据部位弯曲不同做出形状进行补块,这样才算修补完整。当所有前期的修补都完成之后,最后的工序就是全色,李树林修的这件绿釉骑马俑,就是到了这最后的阶段。所谓全色就是用接近原有颜色的墨和颜料在字画和陶瓷上填补残缺的墨迹和色块。文物修复的主要原则就是修旧回旧,经过这最后轻轻的一笔一抹,首都博物馆的文物开始有了新的生命,时光也开始在我们眼前倒转,回到了记忆中的过去。这是一个关于过去的博物馆,过去在这里是一个杯子、几幅字画、一件青铜、几把壶;这是一个关于记忆的博物馆,记忆在这里是当年钟鼓齐鸣、庄严肃穆的祭孔,是宫车汉墨、名家迭出的进士题名碑。如今首都博物馆又将迎来自己新的未来,而关于过去的记忆则是首都博物馆永远的话题。

6.北京扑克博物馆

　　坐落在北京报国寺内的北京扑克馆,可以称得上是一个扑克王国。这里展出的古今中外各色扑克有数万个品种。打扑克是我们最熟悉的一种娱乐方式,可是却很少有人知道扑克究竟是由谁发明的,又是如何演变成今天这种形式的。

　　相传早在秦末楚汉争战时期,大将军韩信为了缓解士兵的思乡之愁,发明了一种纸牌游戏,因为牌面只有树叶大小,所以称为"叶子戏",据说这就是扑克牌的雏形。12 世纪时,马可·波罗将这种纸牌带到了欧洲,立刻引起了西方人的极大兴趣。一开始,它只是宫廷贵族们的奢侈品。

但是，因为扑克牌造价低廉，玩法多样，又容易学，所以很快就在民间流传开来。

据说扑克牌的4种花色代表了当时社会的4种主要行业：黑桃代表长矛，象征军人；方块代表工匠使用的砖瓦；梅花代表三叶草，象征农业；红桃代表红心，象征牧师；J、Q、K是英文侍从、王后、国王的缩写，这12张牌每一张代表了一位历史上的著名人物或者神话人物。黑桃K是公元前10世纪以色列国王所罗门的父亲大卫；方块K是古罗马的凯撒大帝；梅花K是马其顿国王亚历山大；红桃K则是建立查理曼帝国的查尔斯一世国王。

异材扑克

这些扑克不是纸质的，而是用硬塑料制成。异材扑克的种类还有很多，如红宝石、玛瑙、金、银、铜、铝、陶瓷、骨、玉、竹等都可以用来制作扑克

1840年鸦片战争后，外国扑克也随洋人进入中国。当时进口的扑克主要来自美国和日本，日本扑克因价格便宜而畅销。1931年全国掀起抵制日货运动，提倡国货，发展实业，上海人黄涤生集股创办了粹华卡片厂，试制出中国现代第一副扑克——"红狮牌"扑克。扑克馆馆藏的早期中国扑克，产自20世纪30年代末的上海。

在那里，除了传统形式的扑克，您还能看到各种异型、异材扑克，这些扑克显然已经失去了原本的实用意义，更多地是为了满足观赏和收藏的需要。

扑克博物馆藏有世界上最大的扑克，比我们平常娱乐用的扑克大了几十倍。而另一些小不点儿的个头只能与1元硬币一比高下，是世界上最小的扑克。

在扑克牌漫长的历史中，最让人意想不到的是，它还曾经做过一位

异材扑克

这些扑克打破普通牌及宽牌的常规规格,制成各种动物图形,别出心裁,增添了游戏的趣味

国王的"教科书"。法国国王路易十四年轻时,有人曾担心他不肯学习,就把神话寓言和地图之类绘制在扑克牌上,向他传授知识,也算是寓教于乐吧。当然,这副扑克牌早已失传了。

7.北京通信电信博物馆

北京通信电信博物馆原馆址位于北京皇城根电话局(原电话北局)内,现馆址在北京西城区骡马市大街9号。馆内用文字、图片和实物记录了通信在我国近现代的发展史。比如一种大家都认得的报话机,专业人士称它为携带式电台,报话两用。在电影《英雄儿女》中,英雄王成就是用这种电台喊出了那句名言的。

还有许多是在我国最早使用的一批电话机。1904年,北京第一所官办电话局就在清朝军机大臣翁同龢家的马厩里产生了,但那时,由于慈禧太后的反对,电话一直也没能进入中国的权力中枢——皇宫。直到1921年,民国政府才在故宫的养心殿内,为退位皇帝溥仪安装了一台电话。

这种叫磁石电话的，老百姓一般称它们为手摇电话。磁石电话有很多优点，造价低、组网快、保密性强，所以直到今天，世界各国都有少批量的生产，用于战争、灾害、矿区或其他特定环境中。馆内的这几部电话就曾担负过天安门广场的重大通信任务。不知您有没有想过，磁石电话机为什么要手摇呢？其实，手摇就是为了向对方发送一个110伏的交流信号，告诉对方我要通话，它与通话本身是无关的。

另几部电话机就更有意义了，它们都是由中南海电话局提供给博物馆的，是当年毛泽东、周恩来等党和国家领导人用过的电话机。黑机是外线电话，红机则是领导人专用的内部电话机，只能本人接。展柜下层的3部电话机是保密机，它们通过变频加密，让其他人无法窃听。

上海最早使用的公用电话币

与投币式公用电话机不同的是20世纪三四十年代的投币式公用电话机必须使用一种由公司方面铸制的特制角币才能拨通

手摇电话

即磁石电话，具有造价低、组网快、保密性强等优点，现在仍用于战争、灾害、矿区或其他特定环境中

这家博物馆最吸引人之处，是参观者可以亲自动手体验。它有一座生产于20世纪30年代的交换机房，至今仍能入网工作，据说在全世界都是绝无仅有的。这些老爷电话机也都七老八十了，但是由于保养得当，通话质量依然很好。到这里参观的人们都不会错过这难得的机会，您不想也去体验体验么？

扑克、电话，这些都是人们日常生活中用的东西，现在也可以成为博物馆展出的内容。其实现在国家博物馆就在向民间征集近几十年来日常的一些生活用品，那么，国家博物馆为什么要征集这些人们过日子的东西呢？

曾任保管部主任的陈禹这样解释："这 40 年老百姓的生活变化是最大的，什么样的器物能够反映这 40 年老百姓生活的变化，我们就收藏什么样的器物。"

自从博物馆向民间发出这种征集之后，得到老百姓的反响是非常强烈的。当年馆方做该展览筹备的过程当中，原来设想可能征集到几百件已经很了不起了，但是当时征集量达到了上万件，里面有票证、毕业证、准考证，包括手摇洗衣机，还有文物捐赠者张铁军女士捐的一件结婚时候穿的衣服。

那件衣服现在看来是很普通的，一字领，用的还是有机玻璃纽扣。张女士是 1974 年结的婚，那个时候穿的衣服都是灰色的、蓝色的，可以说是全国上下一片灰。她原来在纺织厂工作，纺织厂是女同志最多的地方，互相都比美，所以她就总想着，结婚时她得穿一件跟别人不太一样的衣服。她就出去转，西单商场、王府井百货大楼，还有东四人民商场，再就是前门，这些地方她都转了，最后终于碰到了那么一块比较合适的布，买了 2 米布，5 元钱 1 米，这价格在当时算是挺贵的东西了，因为一般的布才 1 元多钱。做成衣服后，在当时差不多算是奇装异服了，至少算时装。

现在看她结婚时候的照片，可惜是黑白的，看不清楚漂亮的红格衣服的颜色。那个时候还没有彩色照片，全都是黑白照片，如果你想上色的话，就得特意到照相馆，它可以上色。但那个上色特别假，都画着两个红疙瘩脸蛋儿。

把自己结婚的东西捐出去，张女士倒没觉得可惜，因为她觉得，那件衣服虽然一看就是一件普通的罩衣，其实好多人家都有，也许还有好多，没什么了不起，但是捐出去后能让人们体会一下当时人们的爱美之心。

"40年改革开放，人们能过上现在的这种生活，想穿什么可以穿什么，就是你可以大胆地穿，甚至自己去设计都没什么不可以，但是在当年，是不可以的。所以我就是想让人们回味一下，那个时候人们的生活水平和现在的生活水平的差异，就是要永远记住那段时间，要珍惜现在的幸福生活，我是这么想的。"

其实这件衣服摆在家里，可能一辈子塞在柜子里也没啥用处，但是捐给博物馆之后就成为大家共同的记忆。那么，为什么这样普通的一件衣服，博物馆就决定可以作为展品收藏了呢？它的收藏标准又是什么呢？

陈禹："应该说，文物的选择标准还是'稀有'二字；还有一个，它得有证明历史和补充历史、传承文明的作用。这件衣服就记载了张女士当时结婚那个特定的年代，是很鲜活的一个器物。其实服装包含的历史信息挺多的，它的颜色、花色，它设计的式样、制作的工艺、扣子的工艺等，都能反映当时历史的状况、生活的状况、生产资料的状况。我们要收藏的就是这样的文物，所有这些信息能集中在一件器物上来证明一段历史。还有一点，我觉得在收藏每一件文物的过程当中，应该至少对心灵有一个震撼。因为有这个震撼，才能把这件文物收藏进馆，展出的时候，用我们讲解员的说明去感动其他观众，让观众了解历史，起到这样一个作用。"

还有人捐献了洗衣机，现在见到它的人一定比较吃惊，因为这种洗衣机现在已经见不着了。应该说，在20世纪70年代末，北京已经有"白菊牌"洗衣机了，但是它的价格非常昂贵，当时是199元，那时候算大件，大家买不起。双职工一个月才能挣100元，很多家庭都不可能一下子拿出那么多钱来买一台这样的洗衣机，因此就产生了一个过渡。严格意义上说，这种机器不应该叫洗衣机，应该叫洗衣器，它解决的问题就是没有电它能洗，另外，没有上下水也能洗，把衣服塞到里面，再把肥皂水倒进去，盖好盖，一拧那摇把，这筒就会转。现在的洗衣机是衣服随着水流在洗衣机里转，而"拧摇把"这个办法笨了点，是靠人力让洗衣机自己转，比用手搓省不了太多的事。它在城市里面的市场应该说是非常有限，因为城市里一是有水有电，再者双职工有收入，省省还是能买得起洗衣机的。但在40多年前，在农村，不光是没有电的问题，还没有上下水，如果要洗一件衣服又想省点力气，就只能靠这个。但它只是洗衣机进入寻常百姓家历史过程中的一个器物，因为最终还是要靠洗衣机来解决洗衣的问题。

博物馆还曾跟一个协会一起合作向民间征集家书收藏，由协会来收藏，博物馆则择优入馆。现在的国家博物馆是由以前的中国革命博物馆和中国历史博物馆组建而成的，在进入国家博物馆阶段以后，它的收藏思路有了非常大的变化，它不光是反映党的历史，还想通过展览、通过文物，反映老百姓生活的变迁。

人们天天都有往来信件，那么，什么样的信能成为被博物馆收集的东西呢？

在博物馆收集到的家信中，有这样一封，应该说是很有意思的，它讲的是一个人第一次坐飞机的感受。应该说，在40年前，坐飞机是很难想象的一件事，一般的人也坐不起飞机，因为一张从北京到上海的机票在当时是50多元钱。

他写道，目的是达到了，在天上蓝天白云什么都能看见，起飞的时候路上的汽车也能看见，上到最高的地方只能看见河流、村庄、山，看不见车马行人。他还说，以为在飞机上很高，会很冷，准备了大衣，但是脱了，因为越坐越热……最后他总结了一句话，"我认为太幸福了"。尽管头皮发胀，耳根发胀，衣服也脱了，可还是太幸福了，这就是第一次坐飞机的感觉。

看来，再普通的藏品，都能帮助我们认识我们的昨天，认识我们的生活。

8.北京大学赛克勒考古与艺术博物馆

1983年，作为世界闻名的医学家、艺术家和收藏家的美国阿瑟·姆·赛克勒博士来到中国，将一件流失海外、偶然间被他收藏的中国文物无偿送还给中国。赛克勒博士在中国期间，为中国的考古成就惊叹，同时也为流失在民间的大量未能加以妥善保护的文物而遗憾，他向有关部门表示，愿意出资在国内建立一家博物馆，以供学术交流和向大众普及文物保护知识之用。1991年，他捐资2 459.45万元，在北京大学考古学系和赛克勒基金会的共同努力下，中国高等院校中第一所考古专题博物馆——北京大学赛克勒考古与艺术博物馆于1993年建成开馆。

博物馆位于北京大学校园西北部的鸣鹤园中，建筑面积4 000多平方米，仿古建筑风貌与周围环境协调一致。院内陈设呈现出现代化的气息，展品采用国际流行的墙柜等陈列方式收藏。馆内装有空调、照明、防盗防火监控报警系统和闭路电视系统，为妥善

青花游龙穿花纹蒜头口瓶

瓶口绘缠枝莲花纹，瓶颈绘树枝花卉鹊鸟纹，腹壁绘游龙穿花戏珠纹、蕉叶纹等。该瓶造型流畅，青花色泽明艳，是万历青花器的代表作品

斗彩团花海石纹大天球瓶

器身高大，造型优美，釉色洁白温润，球状的瓶身上以红、绿、黄等色彩绘制了4个团花及海石波涛纹，细长的瓶颈饰以如意纹和图案纹样，图案精美，色彩鲜艳，是雍正朝斗彩代表作

鹿纹彩陶瓮

辛店文化,青海省乐都县双二东坪辛店遗址出土

先周文化陶鬲

陶鬲是古人烧汤煮饭的一种炊具,三袋足,能够让它稳稳立定。陶鬲出现于新石器晚期,消失在春秋战国时期。此鬲高18.8厘米,口径18厘米

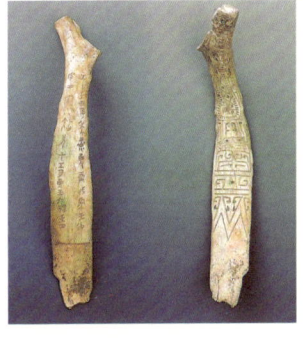

商代甲骨文

长27.3厘米,宽3.8厘米,河南安阳殷墟出土。文字记载了商王将猎获的犀牛赏赐给宰丰的事

宋朝耀州窑印花撇口大碗

清宫旧藏,高8.5厘米,口径20厘米,足径5厘米。碗内一枝条弯曲成3个S形,将6朵菊花连于一体,与碗心的菊瓣纹遥相呼应,极富装饰效果

宋朝青釉划花碗

高7厘米,口径15.5厘米,足径5厘米。碗里饰划花蓖划纹4组,碗外刻复线修饰,这种装饰最早出现在浙江龙泉窑

商代甲骨文

长22.5厘米,宽19厘米,河南安阳殷墟出土。文字记载了北方民族入侵、王命诸侯、田猎、天象等内容

特色博物馆之旅

MUSEUM APPRECIATION

头骨酒杯

这是用一个年轻女性的头盖骨做的酒杯,在新石器时代,战胜的一方常常用这种方式进行庆贺

保存文物提供了良好的条件。馆内现收藏有数万余件藏品,这些藏品始于20世纪20年代北京大学考古研究所国学门考古学研究室,它们中的绝大部分是由北京大学考古系的师生直接从发掘地带回来的中国考古学各时期的典型标本,有的甚至是世界仅存的孤品,具有很高的学术和艺术价值。多年来,北京大学赛克勒考古与艺术博物馆由北京大学考古学系负责管理,苏秉琦、邹衡、李伯谦等一批在国内外考古学领域享有极高声誉的学者们都对博物馆的发展做出了很大贡献。但遗憾的是赛克勒博士因病过早地离开了我们,无法目睹博物馆今日的成就。

馆内有一个新石器时期的头骨酒杯,头盖骨的主人是一个年轻女性,头骨上曾经用刀划拨过的痕迹宛然可见。据说,在遥远的新石器时代,战胜的一方常常用这种方式进行庆贺,人们已经无法猜测发生在远古时代的事情,只能从这些文物的身上找寻过去的影子。在它不远处,是一个壁厚仅0.8毫米的蛋壳陶杯,薄厚均匀,色泽剔透,即使在现代也是难得的精品。像这样从考古第一线发掘出来的珍贵文物,在北京大学赛克勒博物馆中不知还有多少。新石器时代

蛋壳黑陶高柄杯

新石器时代龙山文化,高19.5厘米,口径9厘米,足径4.7厘米。这是当时最高级的一种饮酒器

金牛山遗址

是一座由震旦纪的白云质大理岩、石灰岩和云母片岩夹菱镁矿等多种岩石组成的孤立山丘,为中国东北地区最早的旧石器时代古人类遗址

晚期的陶器、商代的甲骨文、西周的青铜鼎、三国两晋南北朝的铜镜、宋元明清的瓷器,无一不是弥足珍贵。其中最具学术意义的要数金牛山人的专题陈列,这个曾经轰动世界的考古发现激励着我们继续去追寻那些已经逝去的古老文明之谜。

辽东半岛中部沿海平原上的一座拔地而起的孤立山丘,就是金牛山,位于大石桥市永安镇西田屯村村西。当地人传说山下有一头金牛,因此称它为金牛山。1984 年,这座默默无名的小山成为世界的焦点。北京大学考古系研究生实习队在此进行考古挖掘时意外地发现了距今 20 万年至 30 万年前的古人类遗体化石,其化石的丰富和完整为国内外所罕见。这就是中外闻名的金牛山人。在世界上现已发现的同时代古人类化石中,金牛山人发掘最完整、资料最翔实,因此是世界范围内的珍品。1984 年秋天,由吕遵谔教授率领的北京大学考古队进驻营口

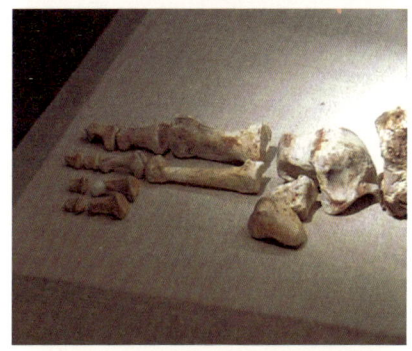

金牛山人的骨骼化石

金牛山人,旧石器时代早期人类,属早期智人,时代为中更新世末期。1984 年发现于辽宁省营口市金牛山

市，并未想到这里会有我们祖先的遗迹。

吕遵谔："1984年，我带的6个研究生，要进行旧石器的考古学习。9月28日那一天，我们就下挖，往下面挖了大概有半米厚时就发现一些化石。当时学生不是很清楚，就来问我了。9月28日中午的时候，有一个同学就来找我，他拿出一件东西，问这是什么。当时我心里就一颤，我说，是人的呀，而且还不是现代人的，是相当相当老的人的。我的声音尽量压得很低，但是都知道了，有的民工也听说了。当时在洞外边的工人们就喊：发现人了，发现人了，把帽子都扔起来了。"

随着发掘的深入，头盖骨、髀骨、齿骨被陆续发现，连细小的手指、脚趾骨骼也没有漏失，在地下整整沉睡了28万年的金牛山人，终于完整地呈现在我们面前。

吕遵谔："根据体质特征，我们可以看出来，她是一个女性，而且刚成年，发现她的材料比较丰富，一共有50多件，而且还是一个人的，对研究工作来说就比较方便了。"

金牛山人的发现解开了一度困扰考古界的一大难题，在人类起源研究的过程中，众多的中外学者曾经推测，全世界的现代人都来自同一个祖先，在距今20万年至30万年的时候，他们的后代开始向外扩散，取代了各地的原住民，成为人类共同的祖先。中国的人类学者认为，人类的起源具有多极性，正是这种多极性塑造了我们今天丰富多样的人类文明，但他们无法解释，为何在中国，在元谋人、蓝田人、北京人之后，到距今二三十万年间，再也无法寻找到中国猿人的遗迹？难道我们的祖先真的遭受了什么灭顶之灾？

吕遵谔："据近10年的研究，全世界的现代人都是在20万年前，从非洲一个老祖母的后代传下来的。那就应该说，从北京人发展到26万年前，一下子整个灭绝了，被从非洲来的人取代了，金牛山人的时代，是据今26万年，就相当于北京人的晚期向现代人过渡。她已具有蒙古种特征，为欧、非大陆智人化石所未见：宽鼻梁、高颧骨、铲形门齿等。

额骨和鼻骨有缝，中国人的比较平，欧洲人的弯弯曲曲有点鼓。另外，黄种人的牙齿，门齿从里面看都是勺形，而不是板状的。这些蒙古种的特征，从元谋人的牙齿开始，到北京人、大理人、金牛山人，一直到山顶洞人，再到我们现代的中国人，都是这些特征，看来，她应该是中国土生土长的，而不是从非洲迁移来的。金牛山人发现的意义还是很大的。"

历史的封存会掩埋一个文明，给后人留下无尽的猜测，但偶然的机遇也会揭开历史之谜的面纱，还世人一个真实的答案。在北京大学赛克勒考古与艺术博物馆的一角，陈列着周朝时晋国的君王晋侯的墓葬，与他相伴的是晋侯夫人以及从同期出土的600余座晋墓葬群中挑选出来的珍贵文物。晋文化是中国古代北方地区最主要的一支文化体系，春秋战国时期它与南方地区的楚文化分别代表了黄河流域和长江流域的两大区域性文化，以此形成了华夏文化的主题。1994年，由李伯谦教授带领的北京大学考古队在山西省天马—曲村遗址进行发掘时，意外地发现了在地下沉睡了2 000年的晋侯，他们的出土平息了中国考古学史上一个持续了2 000年的争论。

带"晋侯"铭文的青铜鼎

西周青铜器，口径31.2厘米，高27厘米。陕西曲沃天马—曲村遗址北赵晋侯墓地出土。晋侯墓地的出现，为人们认识西周晋文化特征提供了依据

西周中期的刖人守门方鼎

1976年12月出土于陕西省扶风县庄白村一号西周青铜器窖藏,现藏于陕西省周原博物馆。鼎分两层,上层为西周中期常见的方鼎样式,用以盛放食物;下层为炉膛,炉膛正面有两扇门,两侧为四孔方格状小窗

据《史记·晋世家》记载,古唐国被周禅王所灭,赐予其弟苏渔,是为晋国。晋是西周时期重要的诸侯国。但早期的晋都在什么地方,至汉代以来的2 000年中,学者们一直在寻找答案,而结论却是众说纷纭。班固、郦道元、朱熹等史学大家曾提出太原晋阳说,认为早期晋国的都城应该在山西中部的太原晋阳。而司马迁、顾炎武等人则认为,应该在山西的南部某地。早期的晋都究竟藏于何处?这个问题直到20世纪80年代仍是考古学家争论的焦点之一。

吕遵谔:"1992年,我们在天马一曲村遗址发现了晋侯的墓地,从第三代开始,已经发现了他的墓葬是在那里,再加上这个遗址面积,在山西省是最大的一个西周时期的文化遗址。通过在天马一曲村晋文化遗址的发掘,我们得出了一个非常可靠的结论:晋国的始封地、最早的都城并不在现在的太原,而是应该在现在的山西省曲沃县和临城县交界的地方。"

晋侯的墓葬分南北两排共17座大墓,其保存完好正如《史记·周里》中记载的公墓区,考古学家根据墓葬中出土的文物和铭文资料进行排

西周中期的兴簋

1976年12月出土于陕西省扶风县庄白村一号西周青铜器窖藏,现藏于陕西省周原博物馆。此簋通高35.7厘米,口径22.8厘米,重12 050克。鼎为矮体宽腹,下有方座。这种方座簋是周人特有的器形

丰爵

西周中期。1976年12月陕西省扶风县庄白村一号西周青铜器窖藏出土。陕西省周原博物馆藏。通高19.7厘米,腹深9.3厘米,重750克。圆腹,圆底,长流,长舌鋬,腹部饰垂冠小鸟纹一周,此类小鸟纹主要盛行于商末周初

序,将各墓主人与《史记·晋世家》中所记载的晋侯一一对应后发现,晋国初期前后相承的8位晋侯墓地均在天马—曲村遗址内,延续了2 000年的争论在历史的真实面前找到了最后的答案。

在晋侯墓地中出土的大批珍贵文物中,以青铜器和玉器最为精彩。青铜礼器的组合不仅反映了西周时期青铜体制的共性,也鲜明地表现出晋国青铜文化的特性。透过沉默了几千年的晋文化遗迹,我们仿佛回到了那个等级制度森严的西周时代,陪葬品的规格和精美程度往往显示了墓穴主人身份的高低。

吕遵谔:"高等贵族的墓葬,一般都有三个不同样子或大小不同的铜鼎。这铜鼎一般是煮肉的、盛肉的,另外要配两个簋。簋是装菜肴、装米饭等东西,只有高等贵族才能享受。然后再配上一些酒器,觚、爵、盉等东西,比较低等的是两个鼎加一个簋,还有的是一个鼎一个簋,完全和当时文献记载的西周时期不同等级的贵族身份是相称的。"

在天马—曲村遗址中发掘出的晋墓一共600多座,陈列在北京大学赛克勒博物馆中的仅仅是其中很少的一部分。透

西周早期的旅父乙觚

1976年12月出土于陕西省扶风县庄白村一号西周青铜器窖藏,现藏于陕西省周原博物馆。此觚通高35.2厘米,口径13.2厘米,重600克。这是殷末周初新出现的一种觚的代表作品

过博物馆的大门,我们依然可以感受到昔日诸侯的尊严与威仪,一件件精美的青铜器无声地诉说着昨日的辉煌与荣耀。在不经意间,历史已经走过了几千年,还有什么会比这些凝聚了历史与真实的考古艺术珍品更值得我们去尊崇?文物的传承往往需要世世代代的勇气与智慧,人们就是依靠这样坚忍不拔的步履,一步步从远古走到今天,其中每一位默默无闻的步行者都是值得我们永远尊敬的。

9.北京服装学院民族服饰博物馆

现代人把服饰当作审美的重要内容,而多民族构成的中华民族大家庭又是缤纷服饰的硕大花园,牡丹与月桂连理,蜡梅与芙蓉并蒂。

在中国第一家服饰类专业博物馆——北京服装学院民族服饰博物馆里,1万余件中国56个民族的服装、饰品、织物、蜡染、刺绣等传统民族服饰向参观的人们展示5 000年服饰的演进和神州大地各民族服饰的绚烂多彩,每一件服饰的背后都有故事。西子湖畔的织锦、姑苏城里的刺绣、苗寨瑶山的蜡染是中国传统民间纺织、印染工艺,这些具有民族风格的艺术品在这里都有精品展示,人们把这里比作中华民族服饰的苗圃。其中清代至20世纪初的传世服饰藏品,占总数的1/2,很多为一流精品,具有极高的艺术价值和研究价值。也许你听说过用昂贵的貂皮、

鱼皮衣

这是我国北方少数民族赫哲族特有的服饰,用鱼皮制成,样式像旗袍,袖管宽而短,具有抗寒、抗湿、耐磨、防水、美观等优点

柔软的羊皮、结实的牛皮做成的衣服,但你不一定听说过用鱼皮做成的衣服,馆内就收藏了一件珍贵而有特色的赫哲族鱼皮衣。

　　鱼皮衣是中国北方民族服饰中的精品,它代表着赫哲族独特的渔猎生活习俗。赫哲族是中国东北地区一个历史悠久人口较少的民族,与中国东北的古代民族"肃慎""挹娄""勿吉""女真"等有着密切的族源关系。赫哲族先前居住在黑龙江、松花江、乌苏里江的三江流域,历史上曾因穿鱼皮衣,史书称之为"鱼虎部"。鱼皮衣是赫哲族人特有的服饰,具有抗寒、抗湿、耐磨、防水、美观等优点。100年以前,赫哲族还保持着原始完整的渔猎生活,由于生活环境的变化,赫哲族的生活习惯也发生了变化。

　　鱼皮衣是非常珍贵的服饰。同时,鱼皮服饰工艺亦是中国民族服饰中珍贵的特色工艺。随着时间的推移,社会的发展,制作鱼皮衣的工艺濒临消失,为了将鱼皮服饰工艺保存下来,1999年岁末,民族服饰博物馆的杨源馆长和考察组深入到黑龙江赫哲族的居住地,找到当地唯一能够制作鱼皮衣的73岁老人尤大妈,用了很长时间把鱼皮衣制作工艺完整地记录下来。

　　鱼皮衣有长衣短衣,主要是妇女们穿用,其样式像旗袍,腰身稍窄,袖管宽而短,没有衣领,只有领窝。衣裤肥大称为套裤,边沿均有花布镶边,或刺绣图案,或缀铜铃,显得光亮美观。制作鱼皮衣需要的鱼种类很多,有鲢鱼、鲤鱼、大马哈鱼、白鱼、草鱼以及哲罗鱼、赶条鱼等许多种,用以取皮做衣料的都是十几斤至百斤以上的大鱼。要做成一件鱼皮衣得需要10天,还需要非常不易的、精细的缝制。困难在什么地方呢?首先,熟皮子非常难,然后拼接合缝也是很难的。

　　赫哲人获取鱼皮的工具是由竹子制作而成,这样不会刮破损伤皮子。皮子取下后薄而软没有成型,首先晾干或在火旁烘干,鱼皮变硬后去掉鱼鳞,下垫一个槽形木砧,用无刃的铁斧或专用的木斧捶打,使其变得柔韧,近似棉布的感觉,称为"熟皮"。熟好的鱼皮纤维蓬松,便于缝制。

织锦《归去来兮》

西湖美术织造厂生产,私人收藏。这幅织锦表现的不是西湖的著名景致,而是杭州城西的西溪。小桥流水、村舍野渡的景色也能让人领略杭州之美

再按花纹拼接,对花纹色调特别讲究,整件衣服是前后片分别用5片鱼皮成齿轮咬合状拼接而成。鱼皮本身颜色深浅不同,由背部至肚皮从深到浅,整片鱼皮被剥下时背鳍处有椭圆形洞,需要找相同的花色拼合,衣服底边的花纹是根据民族的特色剪接成云纹。缝鱼皮的线是用胖头鱼等鱼类的皮熟好后涂狗鱼油,以增强柔韧性和避免干燥脆裂,再把四周切齐,卷起来像切面条那样切成细丝,存放在阴凉避风的地方以防其干硬,备作缝衣时使用。往衣服上缝制时先用鱼膘进行黏合,再用针缝制。鱼皮衣分为上衣和套裤。鱼皮套裤,有的上端为齐口,有的则是斜口,裤脚下沿镶着黑边,妇女穿的套裤还像衣服一样绣上花纹。冬天穿上狩猎可以抗寒耐磨,春秋穿上捕鱼可防水护膝。

随着物质生活的不断提高,赫哲族服装的材料及式样也发生了根本性变化。鱼皮不再是赫哲族的遮体服饰,而是作为一种民间工艺被收藏于博物馆中。

对于博物馆来说,每一个民族的服饰都是非常珍贵的,像织锦、刺绣、蜡染这些属于服饰工艺的,也濒临消失。在博物馆里大家可以看到织锦、刺绣、蜡染专门的展厅,可以看到非常著名的我国西南地区少数民族的"八大织锦",即苗锦、土家锦、瑶锦、侗锦、傣锦、布依锦、壮锦、毛南锦。在这些织锦中,有的佳丽厚重,有的浓淡相宜,有的则显得清新素雅,

织锦《西湖春晓》

杭州国华棉织厂丝织部生产，私人收藏。从目前传世的西湖织锦来看，国华厂的产品数量最多，这幅《西湖春晓》是国华厂早期的产品

苗龙纹围裙

在苗族文化中，苗龙是保寨安民、赐福赐子的善神。苗族有洋洋大观的苗龙群，人和各种动物加上龙头或龙身便可异化成龙，如人头龙、鸟龙、牛龙、蜈蚣龙等。这条围裙上的苗龙是蝴蝶龙尾龙

它被广泛地用作被面、枕巾、头巾、背带、腰带、门帘、窗帘、桌布、坐垫、挎包等，在少数民族的日常生活中占有极其重要的地位。

这其中非常值得一提的是毛南锦，对博物馆来说，毛南锦的收藏也是一个巧遇！

毛南族主要分布在广西壮族自治区环江的上南和下南、河池、南丹、都安等地的山区，是一个传统的农业民族。过去几乎家家都有木纱车和

毛南锦

这是分布在广西壮族自治区环江的上南和下南、河池、南丹、都安等地山区的毛南族特有的织锦工艺品

鱼戏莲烟荷包

鱼喻男性，鱼产籽多，民间以其为多子象征；莲花喻女性，莲蓬又称莲房，房中果实多，也是多子象征。因此，"鱼戏莲"是生殖崇拜的主题。东北的烟袋上，喜欢绣上"双鱼拱莲""鱼戏莲"等题材的纹样

蜡染花鸟鱼纹被面

蜡染是用蜡刀蘸熔蜡绘花于布后以蓝靛浸染，染毕去蜡，布面就呈现出蓝底白花或白底蓝花的多种图案。苗族的蜡染图案常用日常生活中接触的花、鸟、虫、鱼

蜡染花鸟鱼纹被面

这是一幅蜡染的花鸟纹被面。苗族妇女善于点蜡染花，许多日常生活用品都是她们亲手制作，所制作品富有浓郁的生活气息。此幅被面采用花鸟纹装饰，是苗族蜡染的传统题材，清新自然

百鸟衣（背面）

百鸟衣是苗族在节日庆典或丧葬祭祀时穿着的盛装，男女通用。这件百鸟衣前襟、后背均绣满花纹，每条裙摆底端有白色鸡毛，舞蹈时裙摆飞舞，有如鸟羽展翅

虎背心

虎被视为黄土高原上避邪镇宅的守护之神，在陕西，从小孩子满月时，姥姥、姑姑、姨姨等，都要给娃娃送上"虎头帽""虎头鞋""虎肚兜"等绣品，意在为孩子消灾灭难，保佑孩子长命百岁

织布机，并自种蓝靛草，自纺、自织、自染土布，以制作各种衣饰。毛南族姑娘从小就要学习纺线织布，织布技术的高低、织成布匹的多少，是衡量她们智慧和才干的标准。

毛南族属于比较早就汉化了的民族，接受汉文化比较多，衣饰基本上与附近汉、壮族相同。在我们的印象中，它连自己的服装都没有了，只是还有一些毛南人聚居而已。1996年，杨源馆长的一个广西朋友送来一块织锦，说是毛南锦，杨馆长不相信，因为以前没有听说也没有见过，而且一些民族图书认为，这样的织锦是壮锦。杨馆长认为这是一个非常值得去搞清楚的问题，"如果它真的是毛南锦，就特别有收藏价值，它代表着毛南族的文化"。

他们在环江的上南和下南，还有临近周边的水源、川山这些地方开始搜寻毛南锦。后来证实了朋友带来的这块织锦确确实实是毛南锦，因为在毛南族人的家里，找到了这样的织锦，而且不止一件。

毛南锦是毛南族最有特色的织锦工艺品。用棉线和各色丝绒线、土机编织，做被面、挂袋等。图案纹样有八角花、香炉花、畦蜷花、凤凰花等，锦面图案呈几何形结构。在博物馆没有对它考证之前，别人一直以为它们是壮锦。毛南锦非常漂亮，非常华丽，像是宫廷里的产物，但它确确实实是民间的，是手工木机织造的。

10.北京自然博物馆

北京自然博物馆是新中国承建的第一所自然博物馆，它承担着国家生物标本的采集、收藏、研究以及生物科学的普及任务。占地1.5万平方米的自然博物馆陈列厅按照生物进化分为古动物陈列室、动物陈列室、水生生物馆、植物陈列室以及人类陈列室。

有资料显示，我们今天生存的地球上约有200多万种动物，这些种类繁多的生命是怎么产生的呢？生物学和古生物学的研究表明，生命是自然界历史发展的产物，产生之后又在不断地变化、发展。北京自然博

上游永川龙骨架

永川龙是生活于晚侏罗纪(约1.4亿年前)的肉食性恐龙,发现于中国重庆市永川县(今永川区)。体长大约7米,头骨长82厘米,高50厘米

棘鼻青岛龙骨架

棘鼻青岛龙是鸭嘴龙类恐龙,生活在白垩纪晚期,主要以植物、树叶、水果和种子为食物,首次发现于山东省青岛市附近的莱阳

物馆的几个陈列厅展出了珍贵的生物标本和生物化石,向观众系统地展示了自然界惊心动魄的演化历程。步入自然博物馆,我们仿佛置身谜一般神秘的自然世界。恐龙是怎样灭绝的?猴子是我们的祖先吗?鲸鱼是鱼吗?走进自然博物馆,这些疑问被一一解开。

　　从1958年建馆至今,自然博物馆收藏了将近十几万件动植物标本,其中还包含了一定数量的模式标本以及珍稀物种标本,如恐龙中的上游永川龙、棘鼻青岛龙、杨氏鹦鹉嘴龙以及保存十分完好的恐龙蛋与恐龙足迹。其中晚侏罗纪肉食性的上游永川龙,体长约7米,体高4米;晚白垩纪以植物为食的棘鼻青岛龙,体长6.62米,身高4.9米;早白垩纪以植物昆虫为食的杨氏鹦鹉嘴龙,只有70厘米大小。由国外交换来的珍贵藏品有:新西兰的大恐鸟化石、澳大利亚的针鼹、琴鸟以及非洲的拉蒂迈鱼等。这些标本有的是化石,有的是活化石,在阐明生物进化中有重大的学术价值。

　　北京自然博物馆有一个动物标本制作间,自然博物馆的许多动物陈列品都来自这里。动物标本制作是一项非常艰巨而又细腻的工作,它往往需要好几名工作人员相互配合才能够顺利完成。制作一件标本有时候很像是创作一件艺术精品,每一步都需要足够的耐心精雕细琢。一般来

亚洲象标本

亚洲象又称印度象，在我国有少量分布。这件标本，高2.8米，长5.8米，是自然博物馆迄今为止制作的最大的兽类标本

说，一个普通的兽类标本，从动物躯体的解剖清理到动物姿态的造型与构造，最后再到标本整理以及皮毛的描绘制作，需要制作人员花上三四个月的心血。那些大型的动物标本则需要耗费更多的时间与精力。

在自然博物馆的动物陈列室，我们见到了一件珍贵的亚洲象标本，它身高2.8米，长5.8米，俨然一个庞然大物，这是自然博物馆迄今为止制作的最大的兽类标本。亚洲象又称为印度象，据统计，在全世界范围内，亚洲象的数目只剩下5万头左右。在我国，只在与缅甸、老挝相邻的地区有少量分布，已经被列为国家一级保护动物。

1956年，越南主席胡志明访华时，将这头亚洲象作为礼物赠送给毛主席，此后这头亚洲象就一直生活在北京市动物园里。1963年，亚洲象不幸病逝，自然博物馆承担了制作标本的任务，博物馆为此投入了大量的人力和物力。

做大象标本很难，因为很大，不像小的东西可以填充，它特别大，需要计算尺寸做假体，要求非常准确，这么大的东西这个架子怎么做呢？用了很粗的水暖管子，把它做成一个架子，下面有4个轮子可以推，然后中间用木头做成龙骨，再用竹坯，因为它可以弯曲，一条一条做成假体，当然不可能那么准确。然后放一些稻草，当时的条件也没有其他填充的材料，就用稻草把它蒙上。另外缝皮子也是很困难的，厚的地方有2厘米厚，用针根本不可能穿过去，所以用锐皮带眼的冲子，乓乓乓地铳那个眼，然后用很粗的尼龙线来进行缝合。因为皮子的收缩性特别大，每天要挑2担水，像个消防员似的往皮子上浇水，因为它是热带的动物，喜欢潮湿，一干燥它就收缩得特别的厉害。这个工作说起来很简单，做起来却挺困难的，这个大象标本对博物馆来说都是空前绝后的，就做了这么一个。

此后博物馆又制作了著名的东北虎标本。东北虎是在长白山上被偷猎分子设圈套虐杀的，经过精心的描绘制作，现在这只东北虎被放置在仿真的布景箱。它身形矫健、姿态挺拔，兽中之王雄风依然。

长期以来，自然界的许多生命因为人为的原因消失，标本制作也只能是一个小小的补救措施，标本还原了这些珍稀物种的本来面貌，让人类更好地了解我们身处的自然世界。但愿将来的人们不仅仅只能在博物馆里见到这些千姿百态、形形色色的生命。

巨型小温鲸骨骼标本

小温鲸亦称尖吻鲸，是哺乳纲须鲸科中最小的一种。这条小温鲸身长7.5米，体重达3.5吨

走进动物陈列厅，在陈列厅的中央放着巨型小温鲸的骨骼标本。它身长7.5米，体重达到3.5吨。小温鲸亦称尖吻鲸，是哺乳纲须鲸科中最小的一种。最小的小温鲸体形已是如此庞大，那么大的须鲸的体重就难以想象了。不管它们的外形多么笨重，它们却都生活在水中，能自由自在、十分敏捷地潜水。鲸和鱼都生活在水里，它们虽然有一样的体型，但鲸却不是鱼，鲸是用肺呼吸空气中的氧气，所以鲸属于高级的脊椎动物。

水生生物馆是自然博物馆生物进化陈列的延伸和扩充，水生生物馆展厅由淡水鱼类厅以及海水鱼类厅组成。不仅有丰富的标本展示，也有水族馆饲养的水生生物供游人观赏。河豚、中华鲟及银龙鱼等，不仅物种稀有，而且色彩鲜艳、外形奇特，很有观赏价值。在自然博物馆的水生生物标本中，有一个物种曾经引起世界进化论学者的广泛关注，这就是拉蒂迈鱼。

拉蒂迈鱼，腔棘鱼目矛尾鱼科的唯一种，是唯一现生的总鳍鱼类，分布于南非印度洋。它通常体长1米多，体重60～80千克。体短粗，纺锤形；口大，内有成对排列的尖锐牙齿。通常生活在200～400米的深海礁石中，游泳迅速。卵胎生，卵径达9厘米，幼仔在输卵管中长可达33厘米。肉食性，以冲刺方式捕食，专吃乌贼和鱼类。

科学界一直以为包括腔棘鱼类在内的总鳍鱼类早在白垩纪早期就已

拉蒂迈鱼标本

拉蒂迈鱼是腔棘鱼目矛尾鱼科的唯一种，是唯一现生的总鳍鱼类，分布于南非印度洋。它通常体长1米多，体重60～80千克。体短粗，纺锤形；口大，内有成对排列的尖锐牙齿

从地球上灭绝消失了，人类只能通过地层中的化石来对这一类鱼形脊椎动物豹窥一斑。20世纪30年代末，一位名叫拉蒂迈的小姐打破了这一"死寂"，发现了第一条"活生生"的腔棘鱼类。

拉蒂迈小姐当时担任南非罗兹大学一位解剖学教授的助手，经常到海边的渔港去为教授收购一些鱼类来制作标本。1938年12月下旬，圣诞节将至，教授回家度假去了，拉蒂迈小姐却并没有因为圣诞节的即将到来而停止工作。22日这一天，她又来到了渔港，在一筐筐刚从海里打上来的鱼里翻来覆去看。忽然，有一条鱼引起了她的注意。一般的鱼（包括软骨鱼和此前已知所有的硬骨鱼）的鳍都是直接长在身体上的，可是

这条鱼的鳍却与众不同，它的鳍都是长在一条条胳膊或腿似的附肢状结构上，然后这些附肢状结构再与身体相连。拉蒂迈小姐立刻意识到这条鱼的不同寻常——这样结构的鱼不正是四足类脊椎动物起源于鱼形脊椎动物的一个良好佐证吗？拉蒂迈小姐立即向渔民买下了这条鱼。可是，当时学校已经放假，实验室已经封了门，无法取出用于浸制和保护标本的福尔马林等药剂。情急之下，拉蒂迈小姐买了几千克盐，将这条鱼像腌咸鱼一样地里里外外涂抹起来——这是当时条件下唯一的防腐保护办法了。

圣诞节过后，教授度假回来，拉蒂迈小姐兴冲冲地将这条鱼拿给他看。此时，由于在盐的作用下脱水变干变硬，这条珍贵的"咸鱼"几乎只剩下鱼皮和里面的鱼刺了。即使如此，教授还是马上意识到了这条鱼的意义并进行了研究，认为这条鱼应属总鳍鱼目腔棘鱼亚目。原来被认为已经灭绝了1.2亿年（白垩纪早期）的动物突然被发现仍然生存在地球上，而且这种动物还与包括我们人类在内的所有四足类脊椎动物的祖先有关，怎么能不让人心情激动！为了纪念拉蒂迈小姐对科学、对人类知识宝库做出的这一重大贡献，教授将这条鱼及其所代表的物种命名为拉蒂迈鱼。

为了获得更多更好的拉蒂迈鱼标本，教授登广告悬赏：谁能再捕到一条拉蒂迈鱼送给他研究，将得到100英镑的奖金（这在当时可是一笔不小的款项）。他还在当地一带贴了许多有关拉蒂迈鱼的招贴画，以便引起渔民的注意。但是，拉蒂迈鱼毕竟太稀有了，直到14年后的1952年，才有信息说在马达加斯加岛西北方向的科摩罗群岛中的安朱安岛附近海域里，渔民又捕到了第二条拉蒂迈鱼。

消息传到南非，当时的南非总理立即下令，派军舰和军用飞机去取回这条珍贵的鱼。当载着第二条拉蒂迈鱼的飞机降落在南非首府开普敦机场的时候，南非总理亲自赴机场迎接。可见，拉蒂迈鱼是多么贵重。当时，他说的第一句话就是："噢，我们的祖先原来就是这个样子。"

此后，拉蒂迈鱼仍不断有所发现，迄今为止，全世界也只发现了200条，而且其分布区仅限于非洲南部马达加斯加岛附近海域。

拉蒂迈鱼之所以珍贵，不仅仅因为数量稀少、分布区狭窄，更重要的是它所隐含的科学意义。20世纪80年代前，科学界一直认为总鳍鱼类中的骨鳞鱼类是陆生四足动物的祖先，而拉蒂迈鱼是骨鳞鱼的近亲，它的现生种类的发现，无疑对研究脊椎动物由水上陆的进化提供了解剖学上的重要证据。现在，虽然我国学者已经否定了骨鳞鱼类是四足动物祖先的理论，拉蒂迈鱼不再是四足动物祖先的直接近亲了，但是，拉蒂迈鱼对于了解腔棘鱼类乃至总鳍鱼类的解剖构造、生活习性和进化关系等仍然有重要意义。因此，拉蒂迈鱼仍然是研究生物进化的珍贵的"活化石"。

1982年，科摩罗政府将一条珍贵的拉蒂迈鱼浸制标本赠送给我国。这条国内唯一的拉蒂迈鱼标本就保存并陈列在中国科学院古脊椎动物与古人类研究所为公众开放的科普园地——中国古动物馆的一层展览大厅内。

我们生活的地球已经有46亿年的历史了，科学家们为了方便研究，把它分为5个阶段，分别是太古代、原古代、古生代、中生代和新生代。走在自然博物馆陈列厅，我们领略了生命的发展与衍化，地球从诞生之后就开始了不断地衍化。在沉寂了将近十几亿年之后，一些微小的单细胞生命来到了这个世界。这些小生命不断衍化创造了一个生机勃勃的地球，从此神秘的自然界就开始有了说不完的故事。

在北京自然博物馆，还能看到全国各地很多地方采来的众多化石，从最微小的植物花粉化石到最巨大的恐龙化石，使我们目睹到不同种类生物之间的差异，特别是形态上的差异。这些差异不仅展示了生物的多样性，也同时启迪人们展开了无穷的联想。

人们在搜集化石的时候，把兴趣更多地放到肉眼可见的目标上，这不奇怪，因为体形庞大的动植物化石最容易吸引人们的视线。但这无形中冷落了那些体形小、肉眼难以寻见的化石。世界上最小的化石只能用毫米或微米度量，必须借助显微镜或电子显微镜才能观察和研究。微体化石是化石家族中的重要成员，无脊椎动物中的有孔虫、放射虫、牙形刺等，植物的繁殖器官孢子和花粉，以及某些藻类等都是常见的微体化石。一些更微小的菌藻类化石是超微化石的代表。所有这些化石构成了五花八门、奥妙神奇的另一个世界，就像童话故事中的"小人国"。微体化石是人类探索地球上生命发生和演化的关键环节。

在化石的"巨人"领域里，可以发现许多世界之最。软体动物门中的头足类有许多"巨无霸"，古生物学家在头足类繁盛的奥陶纪地层发现过体壳长达10米的鹦鹉螺。在奥地利的戈绍盆地，人们曾发掘出世界上最大的菊石，它们的壳是旋卷型的，直径超过了2米，如果没有沉积物充填，可以躺进去一个人。

在鱼类化石中，原始盾皮鱼类出现在泥盆纪，其中节甲鱼的体形最大，长度可达10米，我国四川江油县（今江油市）就发现过这种鱼化石。鱼类中的重量级冠军是鲨鱼，产于第三纪地层中的著名白鲨化石，在张开的嘴中可以站立一个人，其身躯之高、身体之长就可想而知了。

爬行动物在中生代繁盛一时，恐龙是众所周知的庞然大物。当然，恐龙也不一定都是很大，近年来美国哥伦比亚大学的古生物学家在美国、

鹦鹉螺化石

鹦鹉螺属于头足纲四鳃亚纲鹦鹉螺目的软体动物及贝类动物。鹦鹉螺现有的种类不多，但化石的种类多达2 500种，这些在古生代高度繁荣的种群，构成了重要的地层指标

鱼化石

距今2.2亿年前,发现于法国的二叠纪地层。研究化石可以了解生物的演化并能帮助确定地层的年代

加拿大边境地区考察发掘到一批珍贵的袖珍恐龙,其中有一只恐龙从足印化石测量出其足长仅2厘米,整个身躯不过和麻雀一样大。最大的恐龙当属食草类恐龙,在我国四川自贡恐龙博物馆陈列的标本中,最引人注目的是天府峨嵋龙,它身长20米,高10米,估计它的体重在40吨左右,但它只是亚洲第二号恐龙。目前亚洲最大的恐龙是合川马门溪龙,这条恐龙"巨人"全长22米,光是脖子就有9米长,如果把它的脖子伸直,有三层楼房那么高,估计活着时的体重有50吨。1972年,在美国科罗拉多州曾发现了巨大的恐龙骨骼,研究认为,这是食草类恐龙的化石,根据对骨骼测量后的推算,它的体长可达30米。7年后又在这一地区发掘到新的骨骼材料,据说这条恐龙长达30.5米,头以下的高度就达18米,被称为超级恐龙。

食肉类恐龙中最有名的就是霸王龙,霸王龙最早发现于北美,在我国山东、河南、新疆等地也有发现。它的体长一般在15~20米,高5~6米,体重8~10吨,相当于3头大象体重的总和。霸王龙的头可能是恐龙中最大的,这与它的食肉性有关,头骨一般长1.2~1.5米,嘴可以张开很大,嘴里布满锋利的牙齿,每颗牙齿足有20厘米长。

中生代爬行动物不仅占据了陆地,也扩展到了海洋和天空。我国科

马门溪龙骨架

生活于晚侏罗纪的食素类恐龙，体形高大而雄伟，从头顶到尾尖全长达22米，身高为3.5米，估计体重可达26吨。马门溪龙的最大特点就是颈部特别长，达9米，是长颈鹿颈部长度的3倍

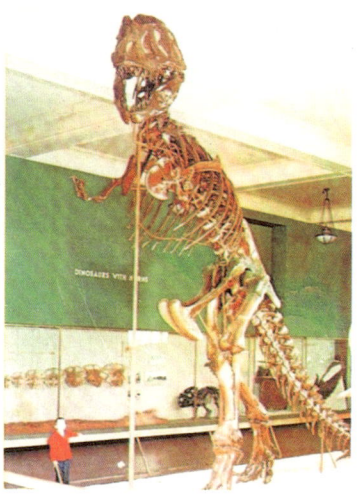

霸王龙骨架

霸王龙的拉丁文学名（tyrannosaurus rex）的含义是"残暴的蜥蜴王"，生活在6 500万年至7 000万年前的白垩纪晚期，主要分布在北美、蒙古国以及中国

2亿年前的爬行动物化石

化石是动物或植物死亡后的残体经过长时间而没有腐烂，数年后成为地壳的一部分

学家曾在珠穆朗玛峰地区海拔4 800米的聂拉木县发现了珍贵的鱼龙化石，这条鱼龙长达10米以上，被命名为喜马拉雅鱼龙。1984年，在法国里昂也发现过大小相近的鱼龙化石，全世界已知的50具较完整的鱼龙化石中，体长在10米以上的的确不多见。翼龙是翱翔在空中的爬行动物，人们曾在美国堪萨斯地区发现过翼长8米的翼龙，但翼龙的身躯比较小，通常与火鸡相似。最大的翼龙是产于中生代晚期的巨翼龙，翼长可达12米。

说到哺乳动物化石的"巨人"之最，自然非象化石莫属了。产于我国的东方剑齿象，在体形上远远大于现代的亚洲象和非洲象。猛玛象最高达3.5米，体长约6米，一对长而弯曲的巨牙，长度就在3米以上。20世纪70年代初，在安徽怀远县发现一具长8米、高4米多的体形巨大的象化石，经古生物学家研究，确认为古棱齿象，它生存在30万年前的更新世晚期。

鱼龙化石

鱼龙是海生爬行动物，最早出现于三叠纪，具有流线形体型，与现在的鲨、海豚极为相似

在鸟类中，体形最大的是恐鸟，这种灭绝了的巨型鸟主要分布在南半球，是早期鸟类向大型化发展的一个分支。18世纪中叶，英国探险家们曾在新西兰目睹过这种巨鸟的丰姿，据说这是人类最后一次见到这种巨大的鸟类。恐鸟与鸵鸟神态相似，前翅退化，不能飞翔，靠两条粗壮的后腿奔跑。恐鸟的体高可达4米，估计体重在200千克以上。恐鸟的蛋与篮球相仿，壳厚不易破，小恐鸟出世后，个体比鸡还要大。

在植物界中，超级"巨人"是硅化木，硅化木是高大乔木保存在地层中形成的化石。世界上最长的硅化木化石产在中国江西玉山县，它的主干长28米，直径达1.1米，重约60吨，比藏于意大利博物馆中原称

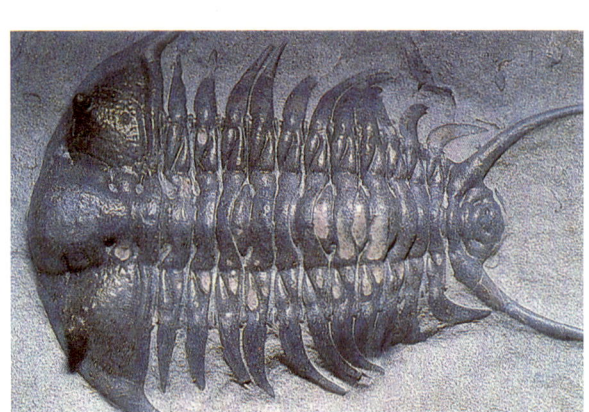

三叶虫化石

三叶虫属古生节肢动物，属三叶虫纲，生于海底，其种类繁多，大小不一，从1厘米至1米，生于寒武纪(6亿年)，至奥陶纪(4.5亿年)最盛，三叠纪晚期灭绝(1.8亿年)

孔子鸟化石

孔子鸟生活于距今约1.4亿年前的侏罗纪晚期，分布在中国辽宁省北票市，它与始祖鸟属同时代的原始鸟类，但它又以具有角质喙等特征而比始祖鸟进步

"世界之最"的硅化木长出1倍，是目前世界上保存最长的硅化木化石，但还不是最粗。最粗的硅化木发现于新疆北部将军庙地区，在那片巨大的硅化木林中，许多树干的直径都超过2米，最粗的需要七八个人才能合抱，堪称世界第一。而这片巨型硅化木林也是全球保存规模最大的硅化木林，在12平方千米范围内，暴露于地表的硅化木数以百计，树基和断残的树干一个接一个，仿佛是刚刚被砍伐过的原始森林。

世界上数量最多的化石在动物、植物界各有代表，植物界自然是孢粉，想象一下弥散在空气中的现代孢粉就知道它们的数量之大了，但这些微小的植物生殖器官只是在中、新生代的地层中才出现。在动物界中，海绵骨针化石是数量最多的化石。海绵骨针是海绵动物骨骼的主要单元，它们分布在几十亿年间不同时代的地层中，十分微小，但形态多样，数量不计其数，世界各地都有在地层中发现密集的海绵骨针层的报道。

世界上数量最大的恐龙蛋化石产地在中国河南西峡地区，在那里，有世界上分布面积最大、数以万计的形形色色的恐龙蛋化石。

世界上最重要的鸟类化石产地也在我们中国，在辽宁北票等地先后发现孔子鸟、中华龙鸟等震惊世界的化石，为研究爬行类动物向鸟类演化提出了最有利的证据。

1亿年前的恐龙蛋化石

恐龙产的卵,因具有坚实的外壳,所以能在地层中保存为化石。恐龙蛋大小不一,小的直径为3厘米左右,大的可达56厘米,形状通常为卵圆形,少数为长卵形或椭圆形

11.北京戏曲博物馆

京剧是中华艺术的瑰宝,是中国传统文明的宝贵财富。京剧是由安徽、湖北和陕西等地的地方戏曲,在北京混合形成的。

1790年,安徽剧团大规模进京,通常被看作是京剧的源头。京剧的演出是一件隆重的事情,许多地方都为京剧搭建了专门的演出场所。北京湖广会馆的大戏楼,就是其中之一。1807年,旅居北京的湖南、湖北两省人士,集资兴建了方便同乡之间联络的湖广会馆,用来接待来京赶考的举人以及在京等待任命的官员。湖广会馆规模很大,地处繁华闹市,很快成为清末民初政治社会活动集会的重要场所。孙中山先生就曾屡次莅临湖广会馆,他领导的国民党也是在那里宣告成立的。作为著名的社交场所,湖广会馆每年正月都要举行大型的团拜会,邀请著名京剧演员在戏楼演出三日,盛况空前。湖广会馆是北京仅存的建有戏楼的著名会馆之一。1997年,这家有着近200年京剧演出历史的会馆,作为北京市第100家博物馆——北京戏曲博物馆,正式对外开放。

民国时期的照片

这是民国时期湖广名流的合影照片。照片中的子午井传说只有在子、午两个时辰才有甘甜的水

合影

照片中梅兰芳居于画面中央(二排中间),似乎暗示了他后来作为京剧象征的特殊地位

有一张民国时期留下的照片,记录了湖广名流团聚联合的场景,照片中名为"子午井"的古井,传说只有在子、午两个时辰才有甘甜的水,为会馆增添了几分神秘色彩。子午井的背后是当时为供奉文昌帝君以求金榜题名而建的文昌阁。

北京戏曲博物馆在这里用图片、照片和实物相结合的方式,向海内外的参观者介绍北京戏曲发展的过程以及京剧的诞生。中国戏曲文化博大精深,异彩纷呈。北京戏曲博物馆的出现,成为北京第一家戏曲收藏、戏曲文物介绍和展示以京剧艺术为主的北京戏曲发展史的场所,填补了北京戏曲文化研究的一项空白。

20世纪初,京剧进入繁荣期,专业人士、票友、非职业演员和普通观众的队伍都在不断壮大,越来越多的演员成为京剧迷们所崇拜的偶像。

在博物馆展出的一张合影中,踌躇满志的梅兰芳位居画面中央,似乎暗示了他后来作为京剧象征的特殊地位。

在中国传统戏剧中,按照表演角色,分为生、旦、净、丑四大行当。在每一行当中,演员之间又存在着迥异的风格。1929年,北京出版的报纸——《顺天时报》举办了京剧旦角评选活动,经读者投票,诞生了四大名旦,就是梅兰芳、尚小云、程砚秋和荀慧生,被称为梅、尚、程、荀四大名旦。

在北京戏曲博物馆二楼的展厅里,珍藏着4把在演出中使用过的质地精美、制作工艺考究的胡琴,这4把胡琴的非凡之处,在于它们的主人正是梅、尚、程、荀四大名牌旦角大师。在京剧界,这4把琴有着非同寻常的知名度,被称为"四大名琴"。

根据曾为北京戏曲博物馆办公室副主任的张丽珍介绍,这4把琴都是由著名的胡琴制作大师史善朋先生亲手制作的。"史善朋先生在制作琴的领域里,是非常优秀、出色的。他根据京剧的四大名旦梅、尚、程、荀个人风格的不同,制作了这4把琴"。

梅兰芳在戏中扮相雍容华贵,他饰演的杨贵妃等角色体现了大家风范;程砚秋扮演的多为悲悲切切的女子形象;尚小云则是歌舞并重,像昭君出塞这样的场景,也能表现得非常气派;荀慧生常常扮演小家碧玉的角色,《红娘》就是他的代表作。可以说,四个流派体现了完全不同的演唱风格。

"比如说程派吧,唱腔是比较低沉委婉的,就要求胡琴的筒子稍微大一点,担子稍微长一点,出来的音更浑厚一点。尚派和梅派都是较高亢响亮的,就要求琴发出的音要脆一点,亮一点。另外也和琴师的演奏有关系,每个人跟每个人的风格不一样。不同的手劲和拉弓的劲头,都是有区别的。"

京胡是中国的传统拉弦乐器,18世纪末,随着京剧的形成,在拉弦乐器胡琴的基础上改制而成,至今已有200多年的历史,是京剧的主要伴奏乐器。京胡主要由琴杆(又称"琴担")、琴筒、弦马、琴弦和弓子等部件构成。京胡的琴杆全长49厘米,上方置弦轴,底节插入圆筒状琴筒,筒里的杆上开长方形对穿的"风口",产生复共鸣。琴筒长11.4厘米,后口直径4.3厘米,前口蒙蛇皮,后敞口。弦轴由黄杨或黄檀木制成。京胡音质坚亮,发音刚劲有力,在合奏中有穿透力。京胡在润腔韵味上与唱腔很贴切,在节奏感和力度上给唱腔以有力的支撑和补充,旋律流畅,意境深远。

20世纪50年代,著名琴师谭资九把这4把四大名旦曾经使用过的京胡专程从山东带回北京,细心收藏。1974年,谭资九先生携琴拜访了他的老师、曾长期为梅兰芳先生操琴伴奏的徐兰沅大师,请徐大师鉴定。当时已是年登耄耋的徐老看了这4把琴后,连连点头,赞不绝口,并亲自用每一把琴分别演奏了一段京剧过门,逐把仔细观察,确实找不出一点瑕疵。感慨之余,徐老提起毛笔,欣然为这4把琴分别题字命名:一把因罗汉竹做的琴担与琴筒搭配得非常巧妙,音质醒人耳目,故命名为"罗汉担巧配佳筒";一把琴担的竹子有十三个节,京剧中又有一段传统剧目名为《十三太保》,琴剧结合故名"十三太保";一把琴身的颜色像老虎皮一样黄,简称"虎皮黄";一把因其做工精致,音质纯美,"似有蜘蛛蟠龙之形",简称"盘龙珠"。后来,中国著名乐器雕刻大师苗广春先生还特意在"盘龙珠"的琴轴上雕刻了两条精细的盘龙,为这把琴锦上添花。

四大名琴历经坎坷,几经周转,谭资九先生为了能够把"四大名琴"流传下来,在年近古稀时,将这4把琴转交给了专门从事制作胡琴、绰

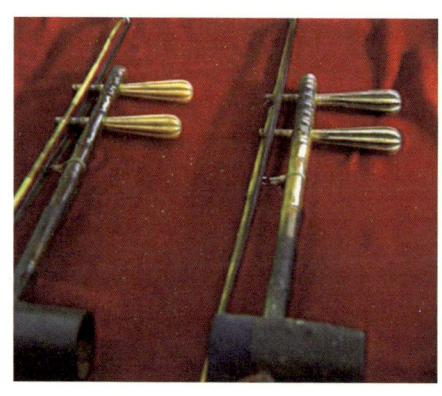
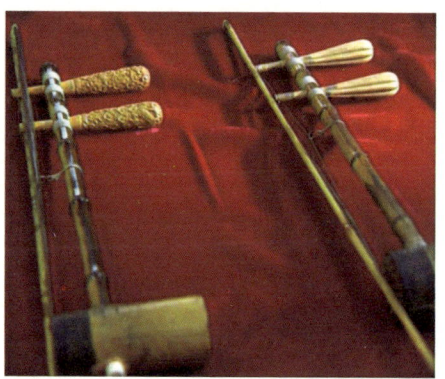

四大名琴

这四把京胡是按京剧的四大名旦梅兰芳、程砚秋、荀慧生和尚小云的嗓音条件和演唱风格而制的。4把京胡全由京胡制作大王史善朋所制造,由于能烘托京剧四大流派的艺术特色而闻名天下

号"琴医"的谭显德先生。1997年,谭显德将这"四大名琴"存放在北京戏曲博物馆,进行长期展览,让更多的人能够领略这"四大名琴"的风采。

在京剧风格中,文戏和武戏一直是对立的两大类。过去,武生基本上都是以摔打跌翻等武打动作为主要的表演手段,而不注重唱腔,也很少用大段的唱词来表现人们的思想和性格。在京剧向前发展的过程中,一个武生改变了这种泾渭分明的局面,对整个京剧界都产生了深远的影响。这就是被称作武生派的杨小楼。杨小楼先生博采众长,不但武生表演基础全面,更注重用唱功准确表达角色的感情,他创造了武戏文唱的演戏风格。杨小楼于1938年去世,在北京戏曲博物馆里保存着一件他生前演出时穿过的白袍,从白袍的图案上,仿佛还能看到这位武生泰斗技艺精湛的身影。

北京京剧院著名裘派花脸演员王文征说:"作为武生来讲,后来很多著名的武生,都是学习杨小楼先生这种比较注重塑造人物、武戏文唱的演出风格。像李万春先生、李少春先生,后来的这一代武生,都很注重在文戏方面下功夫,这样就不单纯像过去的武生那样,就是翻跟斗,就是打,其他的就不讲究了。对他们来说,由于有很好的文戏基础,所以念、唱、做、打都特别高明。掌握了这些比较全面的技巧,塑造的人物就跟一般的不一样了。从这个角度来讲,要感谢杨小楼先生开创了这种更高级的演唱风格。"

京剧艺术在民间起源和发展的过程中,成为下至平头百姓,上至达官贵人以及宫廷都喜闻乐

杨小楼穿过的白袍

杨小楼(1878—1938)名三元,杨月楼之子,安徽怀宁人。杨小楼在艺术上继承家学,师法俞菊笙、杨隆寿,同时博采众长,打下武生表演技艺的全面基础,逐渐形成独树一帜的"杨派"

升平署陈德霖腰牌

这是陈德霖进宫廷为皇室演出所持腰牌。腰牌呈长方形,宽9厘米,高15.5厘米,厚1.4厘米,腰牌上注明持牌人姓名及面貌特征

见的艺术形式。在清朝末期,宫廷中设有专人管理京剧演出的机构,优秀的演员被召进宫廷,成为专为以慈禧太后为代表的皇室及政府要员演出的秘密演员。谭鑫培、杨小楼和陈德霖等人都在此内。陈德霖是清末民初著名的青衣旦角演员,他在表演中生动地模仿了慈禧的姿态,因而深得慈禧太后的赏识。北京戏曲博物馆收藏了一件颇有意思的藏品,记录了这段历史,这是一块"升平署陈德霖腰牌",为光绪二十五年(1899年)制发。当年陈先生每进宫承差,必须随身携带此腰牌。腰牌呈长方形,宽9厘米,高15.5厘米,厚1.4厘米。上方有一圆孔,便于拴系。正面中间有两行烫金字"升平署光绪二十五年制造",右边墨笔书"学生陈得林(注:查清代升平署有关档案均用此名)年三十八岁",左边注明持牌人特征"面黄无须"。背面圆孔附近有"腰牌"二字,上半部中间纵行烫印"内务府颁发";下半部为满文烫印"总管内务府"。

　　戏曲博物馆占地2 000平方米,展厅面积600平方米。馆内拥有珍贵的宋、金、元戏曲砖雕、石雕(含复制品)90多方,碑刻拓片近3 000通,文物图片30 000余幅,录像片达40多个小时,锣鼓杂戏、赛社脚本和民间多种小戏抄本300多种。此外,还有元代神庙戏台的精美模型,墓葬杂剧壁画的逼真摹本,彩绘戏曲故事瓷瓶,戏装亮丽、裁制得体的纱阁戏人,风趣宜人的皮影戏、木偶戏实物,适于演出的皮影戏台,标志傩戏傩文化时代的图腾、面具、服饰等等。这些文物不仅具有古朴典雅的文化及审美价值,更重要的是,作为中国戏曲发生、发展和繁荣历史的铁证,还能够帮助或者纠正戏曲史上若干遗留问题的研究,一锤定音,具有无可替代的史料价值。

12.北京艺术博物馆

北京艺术博物馆坐落于明清宝刹万寿寺内。万寿寺位于北京西直门西北7华里处的苏州街北,即明清时的长河广源闸西侧,有"京西小故宫"之誉,是一处清幽、肃穆的皇家庙宇。它历经万历、康熙、乾隆、光绪历朝的数次大规模翻建,形成了集寺庙、行宫、园林为一体的建筑格局,曾是清代皇家祝寿庆典的重要场所。

万寿寺大雄宝殿

大雄宝殿即正殿,或称大殿,是全寺主体建筑,也是僧众朝暮集中修持之处。"大雄"是称赞释迦牟尼佛威德高大的意思

万寿寺始建于唐朝,称"聚瑟寺"。明万历五年(1577年)重修,万历皇帝之母慈圣李太后出资,司礼监冯保督建而成,改名万寿寺,成为皇家寺庙。主要用作藏经卷,后经板、经卷移至番经厂和汉经厂,万寿寺便成为明代帝后游西湖(昆明湖)途中用膳和小憩的行宫。清朝时又经几次重修扩建,西路于乾隆朝时改为行宫,遂成为规模宏大的皇家重寺。清乾隆十六年(1751年)和二十六年(1761年),清高宗弘历曾两次在这里为其母祝寿。清光绪二十年(1894年),慈禧太后重修万寿寺行宫,在西跨院增修了千佛阁和梳妆楼,形成最后格局。当年,慈禧往来于颐和园与紫禁城之间,都要在万寿寺拈香礼佛,在西跨院行宫吃茶点,故有小宁寿宫之称。1934年前后,万寿寺的前部曾辟为东北

难民子弟学校。1985年,中路辟为北京艺术博物馆,正式对外开放。

万寿寺深庭广厦,琼楼玉宇,雕梁画栋,极其宏丽。其间曲栏回廊,御书碑亭,青石假山,古道地宫,苍松翠柏错落有致,占地3万余平方米。寺内分东、中、西三路。中路为主体建筑,山门以内共七进院落,向北依次为天王殿、大雄宝殿(即大延寿殿)、万寿阁、大禅堂、御碑亭、无量寿佛殿、万寿楼等,各殿两侧有配殿配房。东路为方丈院和囿园,即僧人生活区。西路在乾隆年间改为行宫院。

寺庙前,长河奔流,旧时设有码头。每当春末夏初,帝王太后从紫禁城走水路到颐和园避暑,均在此驻跸下船,稍事休息。

万寿寺山门上方,有清顺治二年(1645年)御赐的石匾,上书"敕建护国万寿寺"。山门两侧的卡子墙、撇山影壁的砖雕,构图精细,为不可多得之艺术精品。两侧齐胸高的宇墙虎皮底座,朱墙白顶,色彩分明。

进得山门,便是天王殿。殿前左钟楼,右鼓楼。素有"钟王"之称的永乐大钟曾悬挂于此,乾隆八年(1743年),移至觉生寺(即大钟寺)。过天王殿是大雄宝殿,内有三世佛、十八罗汉、倒座观音泥塑像。两侧金柱上,有乾隆帝所书楹联:"戒慧光中烟云皆般若,清凉界外花石尽真如。"清大太监李莲英为了恭维慈禧,特意命人制作了一尊面似慈禧的观音像,慈禧的"老佛爷"之名由此而得。现在,此座观音像还摆放在三世佛像的后边。

面似慈禧的观音像

大太监李莲英为了恭维慈禧,特意命人制作了一尊面似慈禧的观音像置于大雄宝殿内,慈禧的"老佛爷"之名由此而得

正殿之后的万寿阁是近年重修的，原阁于民国年间毁于火灾。阁后的大禅堂，为主持讲经说法之地。堂后假山叠石，松柏苍劲，皆为数百年之物。大禅堂后为最后一进院落，内有一片假山，象征普陀、峨眉、清凉佛教三山。山上有三大士殿：正殿为观音，左为文殊，右为普贤。山后有两株古银杏树分立两旁，饱经沧桑的虬干枝叶高耸入云。其后还有乾隆御碑亭、无量寿佛殿、光绪御碑亭、千佛阁等。无量佛殿两侧原有洋式门两座，建于清乾隆年间，与圆明园之西洋楼同龄，皆为中西结合之产物。隔门与西路的爬山游廊和亭阁相连，亦与东路长满树木的土山相通。

"藏身"于这座著名古刹内的北京艺术博物馆是一座综合性艺术博物馆，现收藏各类古代艺术品近5万件，时代上起原始社会，下迄明清，尤以明清时期蔚为大观。藏品门类广泛，主要包括历代书法和绘画、碑帖及名人书札，宫廷织绣、宫室瓷器、古代家具、历代钱币及玺印等。其他如青铜器、玉石器、竹木牙角器、佛造像、鼻烟壶等，不胜枚举。字画有齐白石、张大千、徐悲鸿等大师的传世之作。艺术博物馆还收藏了上自宋代下至民国的古籍图书10余万册。

洪福齐天彩绘

在寺门殿阁顶上绘有100只红色蝙蝠，飞于青天白云之间。这100只蝙蝠形态各异，无一类同，红色蝙蝠象征洪福，青天白云象征齐天，整幅彩画寓意"洪福齐天"，以此祝愿入寺者

月亮门

建于清乾隆二十六年（1761年）扩建寺院之时。乾隆二十五年（1760年）圆明园扩建时引进西洋建筑形式，次年运用于此，阕顶洋式作法源于法国巴洛克式建筑风格

万寿寺有三宝：一是山门内的"洪福齐天"彩绘。中国传统的彩绘或金龙和玺，或青绿点金，或苏式彩绘，都是以金绿为主，唯独这里采用天蓝底色，配上满天红色蝙蝠。另一宝是最后院落的木雕千层塔。第三是后院假山下的地藏王地宫。另外后院有一座巴洛克风格的小门，门的形状却是中国特有的月亮门，中西合璧在北京绝无仅有，也应算是一宝。寺庙里的石雕和展出的文物展品很多都是稀世之宝，不可不看。

该馆收藏的大量佛教文物也很有特色，其中唐吐鲁番佛教布画、北魏鎏金造像、元代白瓷观音和乾隆捻线绣宗喀巴大师像等都是稀世珍品。它还是北京第一座大规模收藏外国艺术品的博物馆。尤为突出的是收藏了大量流散于中国的日本艺术品，其艺术价值和重要性都非比寻常。

13.京城百工坊

北京城曾开办了一家百工坊博物馆，它被誉为是国内首家活的工艺美术馆，这"活"字到底活在哪里？

老北京城，是一个藏龙卧虎之地，老北京的手工艺绝活也是数不清楚，像玉雕、景泰蓝，相信您都曾听说过或见到过，可是您是否知道，一个普通的景泰蓝的花瓶要经过多少道工序才能做出来？您又是否知道捏泥人的泥比现在市场上的面粉还要贵？如果好奇，就请去"百工坊博物馆"看一看。

提起泥人张，不知道的人恐怕不多，它是道光年间兴起的一种民间彩塑艺术，距今已经有近200年的历史了。从泥人张的创始者张名山开

泥人张彩塑

是一种深得百姓喜爱的民间美术品，所塑作品不仅形似，而且以形写神，达到神形兼具的境地。"泥人张"彩塑用色简雅明快，用料讲究，所捏的泥人历经久远，不燥不裂，栩栩如生

| 张昌

中国民间泥塑"泥人张"的第四代传人。张昌6岁从父学艺。跟父辈不同,张昌高中毕业后考入中央工艺美术学院,1979年考取同校研究生,后又留校任教

始,泥人张便具有高度写实的特色,它的人物造型非常生动,而且通俗细腻,情节也非常感人,而泥人张也成了张家几代民间艺术家的总称。张昌是泥人张第三代张景祜的次子,是泥人张的第四代传人,张昌的作品里大多描绘的是《红楼梦》里面的人物,宝玉、黛玉、湘云这些熟悉的人物,我们从这些泥人中能真切地感受到。一块极其普通的泥巴,经过张先生的手这么一揉、一捏,转眼间,一个忧郁、哀伤的妙玉的形象就这样完成了。这些年,张大师的作品是墙里开花墙外香,不但走出国门,而且漂洋过海到了世界的很多地方。但是,国内的很多人对泥人张的印象多数只能停留在小时候的记忆中了。就连张先生自己也把主要的精力放在了大型城市雕塑上面。泥人张到底还能相传几代,它还能不能再次焕发出新的生命力,这成了张先生心目中的一件头等大事了。眼下,凭借他的工艺美术特级大师的身份,张昌先生把他的泥人作坊搬进了刚刚开办的百工坊博物馆里,在这个博物馆里,张先生的一切费用全免,而且,还允许带一名徒弟跟着他学艺。

和张昌先生同时入住"百工坊"博物馆的,还有100多位其他方面的工艺美术大师,和一些濒临绝迹的传统手工艺。这些传统手工艺代表了老北京传统工艺美术方面的最高成就。每一个类似作坊式的工作间里,不但陈列着大师们的作品,而且现场展示他们的技艺,现场教授徒弟们制作。大师,绝技,作品,三位一体构成了这座活的中国工艺美术博物馆。

特色博物馆之旅

MUSEUM APPRECIATION

张同禄

国家工艺美术大师,被称为"景泰蓝制作第一人"

百工坊作为活的博物馆,要展示的是人,是大师,这是第一点。第二点,作为活的百工坊,它展示的是技艺,是纯的工艺美术手工技艺。用一句话来概括,就是活灵活现的博物馆。这个活灵活现就是说是现实的有生命的人,现实的可以表演的技艺,现实的可以让你观察到、感触到的流程等等,其实不是重点放在博物馆上,而是重点放在博物馆的内容上。比如泥人张,老百姓司空见惯的泥土,到了他的手里,用他的智慧、灵魂塑造成千姿百态的泥人,各种人物毫发俱现,毫发毕现,这是咱们中国民间文化很重要的一个特征。

百工坊刚刚开业,国际旅游协会的主席艾里克——相当于我们体育界的萨马兰奇——正好来云南参加云南的国际旅游博览会,听到百工坊开业,非常感兴趣。就是在泥人张的作坊里,他说3分钟能不能捏出来一个,因为他时间很紧,要赶飞机,结果我们泥人张传人,3分钟不到,活灵活现地捏出一头小猪,艾里克是托着走的,最后走的时候,在我们的百工坊里题词,说这里是"中华人民共和国的罗浮宫"。如果从艺术品收藏的价值上来讲,百工坊目前还没有办法和罗浮宫的藏品相比,但他的这句话指的就是"活"字,指的是人,中国的手工技艺这一点,从文化的价值上来讲,就是中华人民共和国的罗浮宫。

它们曾经是活跃的,现在有一部分湮灭了,有一部分活跃的程度减弱了,追根寻源,我们只有一个办法,就是通过我们的振兴使它恢复到从前的水平。

把这么多大师都聚到百工坊,是不是能够尽最大可能囊括目前存在的手工行业呢?可惜,只是一部分,因为中国的工艺美术文化太博大了。

同其他综合博物馆不同,百工坊的镇馆之宝便是张同禄大师和他的景泰蓝制作工艺。景泰蓝因为其制作工艺的复杂和讲究,而被誉为传统工艺美术的极品。叶圣陶先生为此还曾经写过一篇文章。在百工坊里,人们可以目睹张同禄和他的徒弟们制作景泰蓝的全过程。

第一步叫作制胎。先选择上好的红铜用来敲成各种各样形状的底胎,因为红铜具有很好的延展性,所以必须用红铜来做底胎。

第二步工作叫掐丝。把制作好的扁铜丝粘在铜胎表面上。这是一个非常精细的工作,比如粘莲花瓣,该怎么弯曲,他们能把铜丝恰如其分地剪好曲好,然后用钳子夹着,

制胎

景泰蓝主要制作工序之一。景泰蓝的造型美观与否,首先决定于"制胎"工艺。制胎是将合格的紫铜片按图下料,裁剪成不同的扇面形或切成不同的圆形,并用铁锤打成各种形状的铜胎

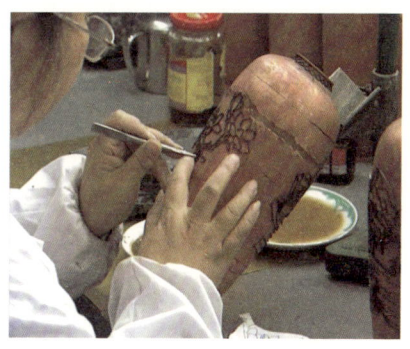

掐丝

景泰蓝主要制作工序之一。其法用镊子将柔软、扁细具有韧性的紫铜丝,按图案设计稿,掐(掰)成各种纹样,蘸以白芨浆粘在铜胎上即成

点蓝

景泰蓝主要制作工序之一。点蓝用的釉料,是以石英、长石、硼砂及一些矿物质为原料熔炼烧制而成。如果把掐丝比喻成绘画中的线描,那么点蓝就如同绘画中的着色

打磨

景泰蓝主要制作工序之一。经过点蓝、烧蓝后,釉料已固定在胎上的丝间,很不平整,花丝间的釉料一般比较厚,磨光就是将釉料的大约1/3磨去,使产品表面平整、光滑

在极稠的白芨浆里蘸一下,粘到铜胎上去,像一个花瓶,光掐丝,一个人就要花上3天时间。

接下来该轮到点蓝了。这种制作方法在开头的时候多用蓝色料,当时叫点蓝,因为从明朝景泰年间开始流行,景泰蓝因此得名。各种色料的细末都盛在碟子里,和着水,像画家的画桌上一样,五颜六色的碟子摆了一大堆。大师用挖耳勺似的家伙舀着色料,填到铜丝界成的各种形式的小格子里。这整个工序是最耗费时间的,要把作品的整个表面先后涂满3回才算完工。

点蓝完了,该烧蓝了。把点好的作品放在温度非常高的特制炉子里,一两分钟就完成了烧蓝过程。只不过一件景泰蓝作品需要3次烧制。

现在需要打磨了。先用金刚砂石水磨,再用磨刀石水磨。最后用椴木炭水磨,前后3次打磨用不同的磨石,如果您仔细听,就连这磨石发出的声音都不一样。

以上全部工序都是张大师和他的5个徒弟纯手工操作,没有丝毫机械成分在里面。在张大师的这5个徒弟里,最年轻的都已经40多岁了,他们虽然跟随张大师已有20多年的历史,但是现在还没有一个人能完全掌握景泰蓝制作的全部工艺。如今张大师是北京城里唯一掌握这门绝技的人。经过他的双手制作的产品,件件都是稀世珍宝。

景泰蓝作品双羊宝灯,便是由张大师亲手制作的,它耗费了张大师整整5年的时间。灯上镶嵌了各种名贵的玛瑙、翡翠等200多颗,光这

双羊宝灯（局部）

张同禄大师的景泰蓝作品。灯上镶嵌了各种名贵的玛瑙、翡翠等200多颗，并采用景泰蓝、花丝镶嵌、铜錾雕、玉石雕刻、木雕等技艺精华，集各家之大成

些细小的吊坠，就有2 000多个。

那么，这种传统的手艺，一般多长时间才能学会一门？

过去有句话，三年零一节（三年零一个节气），一年24个节气，就是一个节气半个月。基本学徒就是3年。但是3年里你可能真格的没学到，师傅留一手，关键技术不教你。你自己凑上去学，就把你轰走。比如师傅看你在师娘那儿干家务事，或者伺候小师弟、小师妹不尽心，他就成心不告诉你。如果他觉得你3年确实不错，就让你再学一节，在半个月的时候多少告诉你些真的技巧。你留下来当伙计，就是工资制了，那时候他再培养你。如果他就一个独生闺女，就招你做女婿，这门手艺就这么改姓传给你了，所以学会手艺时间比较漫长。

比如说玉器，一般技术，没有5~10年的时间都进不了门（指的是全套的工艺），因为它有很多工序。要说精，再有你的风格，那应该是一生的事情，大致没个30年成不了大事，而且这30年必须只做这一件事情，这还不包括对设计上的构思。

"百工"一词最早见于春秋战国时期齐人所著的《考工记》一书，书里把各式各样的能工巧匠统称为百工。以后，百工慢慢发展成专供生产皇家御用的传统工艺品的匠人。到了明清两代，朝廷的内务府下设有造办处，这个造办处是专门供宫廷皇家御用的。据记载，造办处在最鼎盛时，下设42个作坊，每个作坊都荟萃全国各地的能工巧匠。这些能工巧匠几乎囊括了朝廷日常生活中的各个方面，从吃的、穿的，到用的、

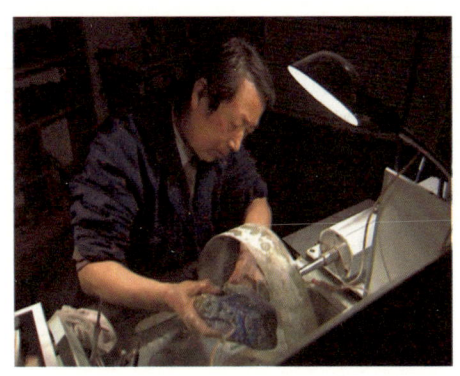

玉雕大师张志平

1942年生于江苏省，1961年毕业于北京工艺美术学校雕塑专业，后到北京工艺美术研究所师从老艺人潘秉衡学习玉雕技艺，1969年到北京玉器厂从事创作设计，1995年被评为高级工艺美术师

甚至休闲和摆设的应有尽有，其种类远远超过百种之多。而民间管这个造办处仍然叫百工坊。

北京城作为六朝古都，百工坊自然是历代各地能工巧匠荟萃和技艺交流之地，传统的宫廷艺术与民间艺术在这里相互交融，形成了独特的京派风格。景泰蓝、玉雕、牙雕、雕漆、金漆镶嵌、花丝镶嵌、宫毯、宫绣这些被誉为"燕京八绝"的宫廷绝活，早在20世纪初便已经享誉世界。

当时，外国元首和友好使节访问我国，首选的礼品便是雕漆、景泰蓝、玉雕等传统工艺美术品。中华人民共和国成立初期，我们国家有4块玉器极品，光重量就达到了440多千克。张大师作为创作组成员，连同其他的40位工艺师傅们，历时整整10年，才做成了4件翡翠国宝。这是当时除"两弹一星"外，唯一获得国务院嘉奖令的工程。在百工坊陈列的这4件小型翡翠便是根据当时的情况，由原班人马制作的。

传统的工艺美术品，一部分是原来服务于宫廷、伺候皇家的，代表性的就是"燕京八绝"，就是皇家工艺美术这一部分。它的历史沿革说来就话长了，源于辽金，北京城建都，大致在这个年代，其中只有景泰蓝稍微晚一点，是明代的景泰年间逐渐形成，但实际上这个工艺也是早于明朝的，因为它是专门伺候皇家的，所以发祥地应该说是从北京开始。

作为当时"燕京八绝"代表的宫廷工艺，又有什么样的特色？

一是用料考究。比如玉，即便是白玉和翡翠，也有等级之分。碰到

群芳览胜、四海腾欢、岱岳奇观、含香聚瑞

群芳览胜、四海腾欢、岱岳奇观、含香聚瑞是我国的四大翡翠国宝,京城百工坊陈列的是这四大国宝的袖珍版

一块没有开的石头,要赌石,就是赌里面是玉是翠还是顽石,需要很厉害的眼力,要想将来成就"燕京八绝"的这种手艺,第一步先得认识原料,以后还要造就自个儿的本领。

二是最好的技艺人员(那个时候不叫大师,叫匠),从全国各地选来。当时的玉器在花市的头条、二条、三条、四条,大致鼎盛时期有五六十个作坊,且南派、北派各种技艺都是很讲究的。除了技艺,还要比一比构思。同样一块料,是把它做成一件首饰,还是把它做成其他的,这跟诗一样,每一首诗的意境都不一样。所以宫廷艺术,基本上可以用两句话概括,就是"用料考究,技艺精湛"。

如同"燕京八绝"吸收了传统的民间工艺精华一样,地道的老北京

张毓隽

被称作"胡同张"的张毓隽,曾是百工坊里最年轻的大师。他的作品以塑造泥人和制作老北京的街景见长。深厚的胡同生活积淀,形成了他独特的艺术风格。"老北京一条街"是他的代表作

茶馆

张毓隽制作的《茶馆》场景微缩模型。高近1米,长90多厘米,是老北京的店铺建筑,有13个泥塑人物,或品茶,或下棋,或聊天,屋内每件器物都逼真入微,人物栩栩如生

们都知道,真正的市井文化也是北京城一段浓缩的历史。王府井的大市场、老艺人们的京戏表演、大栅栏的商铺、天桥的杂耍,老北京就像是一个大的游乐场,这里吃的玩的、唱的跳的、打的闹的,包罗万象。如今百工坊里的一位手艺人把它们全都用自己独特的方式记载了下来。

一位名叫张毓隽的大师,是百工坊里当时最年轻的一位工艺美术大师,刚刚42岁。在工艺美术行业,像这样的年轻大师并不多见。一项名为"老北京风情"的微型彩塑工程已于2008年之前完工。年轻的大师计划用4年的时间创作出200多个店铺800多个人物,真正展现一幅老北京

刑兰香

生于1945年5月,高级工艺美术师,北京市民间工艺美术三级大师,北京著名的料器制作大师

的市井图。这不,连老舍先生的茶馆也被张先生搬到了这里。

在北京城里的每一种绝技都和这座城市一样古老。

这么一根根五颜六色的玻璃,经过烤、吹、捏,顷刻间,就变成了一件精美绝伦的艺术品,这便是百工坊的料器能手邢兰香的神奇工艺。料器在北京城已经有400多年的历史,现在它的工艺已经几近失传了,会做料器的人在北京城里寥寥无几。值得邢师傅欣慰的是,现在在百工坊,她终于能收到一位徒弟跟她学这门手艺了。

在形式感上或者说在表演性上,民间工艺和宫廷的工艺有明显的不同。

在20世纪50年代初的时候,老北京琉璃厂的场店,就在和平门外,吸引着很多小孩子的不是古书,也不是大的摊贩,而是制作很粗略的用纸浆做的面具。面具表面是油漆彩画,五彩缤纷很漂亮,画着孙悟空、猪八戒、沙和尚等等,里面就是臭纸浆,戴上以后臭得很,但孩子们都愿意戴,然后买根小金箍棒耍耍,去庙会上看廉价的戏曲表演。

料器

又称"玻璃器",是以一种熔点较低的玻璃为原料制作的。北京料器精工细制,其中的仿玉制品,几可乱真,其工艺水平达到精美绝伦的程度。品种包括各种传统首饰、日用装饰品和鸟兽、花果、人物雕刻等1500余种

民间有些技艺是非常有代表性的，很精湛，比如说风筝。费宝林今年80多岁了，风筝做得好，他有几只"金陵十二钗"风筝，从绘画到整个制作过程，都是绝活。

越是一个高科技、现代化发达的社会，实际上就越需要全面的人性，所谓"心灵手巧"，手工艺是最能体现一个完善完全的人性的。记得国画大师吴作人先生，回到他的故乡江苏无锡时已经很老了，身体也很不好了。他当时的职务是中国美术家协会主席，无锡市的美术工作者举行隆重的宴会欢迎他，没想到吴作人大师开口第一句话就是，"咱们都是手艺人呀"。他把绘画看成一门手艺，恰恰也就说明一个实质性问题：做好一个工作，无论中西，要有学识有技法，还要用心和用手。这个"灵巧"是天人合一，心手合一，要借着百工坊重振东方文化的气韵、魅力。

有位哲人说过这么一句话，说失去一位老艺人，等于放火烧了一个综合性的博物馆。百工坊博物馆既然是定位在"活"的博物馆上，就让它的生命力在这里彰显一下，因为在这里可以看到活灵活现的内容。这需要传承，也需要有人来保护，更需要我们更多的有识之士来关注它。

生态博物馆

中国是在什么时候拥有了第一个生态博物馆的呢?

曾为中国国家博物馆研究员、中国生态博物馆专家苏东海先生告诉我们,是从 1995 年开始建立,建成是在 1997 年,位于贵州梭嘎乡。

那到底什么叫生态博物馆?

苏东海:"生态博物馆是博物馆走近社区、走近文化的前沿,走近文化的衍生地,保护文化,传承文化,传播文化。因为在那些社区里面有社区的文化,村寨里面有村寨的文化,而那些文化的出现有多样性,建立博物馆的目的是把那些多样性的文化保护起来,这样一来文化的多样性就获得了进一步保障。"

说得通俗点,也就是说,生态博物馆是因为有一个地方,比如说梭嘎这个地方是苗族人聚集的村寨,山清水秀,那儿的文化传统和生活方式基本没被破坏,还保留着苗族人传统的生活方式,比如传统的劳动方式、男耕女织等,还有他们的服饰他们的日常生活都是传统的。由于被保护得很完整,那么我们就再一次把它们完整地保护下来,不被破坏,让大家进入他们的村寨,去体会苗族人的生活。

苏东海:"是这个意思,但也并不完全是这样。因为它所产生的文化,以及它产生这个文化的社会环境还是在一个古老的环境中,是在古老的环境中所产生的古老的文化。因为一直到现在,仍处在一些封闭的山村里面,因此得以存在。一旦它开放了,脱贫了,它的生活环境就变化了,产生古老文化的社会条件就变化了,所以就要在那里建立博物馆,不仅要保护它的文化,而且还要使它的文化向前发展。"

那么我们熟悉的中华民族园,里边有介绍各个少数民族的生活,还有房子,算不算生态博物馆呢?

苏东海:"属于生态博物馆,因为它把各种文化集中起来展示。这种博物馆在国外被称为露天博物馆,最早的像瑞典露天博物馆,在18世纪就产生了,它们是把那些村落移到另外一个地方去建。我们建立生态博物馆,是在文化的原生地建立的。"

那生态博物馆到底是什么样?我们一起来看看梭嘎。

贵州省六枝和织金两县交界的群山深处有一个叫梭嘎的地方,这里居住着一个独特的苗族分支——长角苗。长角苗分布在12个云遮雾罩的高山村寨,共有4 000余人。这个群山怀抱中的村寨叫龙嘎寨,据龙嘎寨老人讲,200多年前,他们的祖先由外地迁到这里。最初只有5户人家,到现在已经传了十几代,全寨共有近百户人家,500多人口。长角苗以独特的长牛角头饰为象征,他们没有文字,他们的历史只能靠口传心授一代一代传播下去。

长角苗妇女

这是长角苗妇女的标准装束:头上的长角和假发,蜡染的上衣和裙子,厚厚的围裙,脚上的运动鞋是为了干活方便

今天,寨子里有一户人家结婚,周围寨子的亲友都从很远的地方赶来。过去这支苗族的婚姻严格限制在本分支的12个寨子中进行。现在人们的观念发生了一些变化,已经开始有人同附近其他民族通婚联姻了。婚礼上没有烦琐的仪式,前来贺喜的人不需要带什么礼物,一样受到热情的接待。新郎家里的电视是寨子里的第二台电视。而姑娘们现在最喜欢的嫁妆则是缝纫机。由于新郎的父亲在外面打工,他们家在寨子里算是比较富裕的。

以前这里与外界很少来往,仍然保持着简单纯朴的生活方式。当年寨子里的人第一次翻山越岭去外乡赶集,因语言不通无法交流,他们甚至为一只鸡能换到一支蜡烛而欣喜若狂。寨民们日出而作,日落而息,现代生活对他们来讲是一件非常遥远的事情。1994年,一条6 000米的乡村公路把龙嘎与外界联系起来,封闭的山寨与外界便有了越来越多的交往。

这天,距龙嘎十几里的仪陇要跳花坡,寨子里的姑娘们早早便开始忙碌起来。每年正月初四到正月十四,这里的苗族都要跳花坡,对于梭嘎12个寨子的青年们来说,这是一年中最盛大的节日。跳花坡所佩戴的头饰是长角苗独有的,梳起来非常麻烦,需要近一个小时才能梳理好,最大的有3 000克重。头饰主要是毛线编织的,里面还有一些已去世的

梭嘎苗女之角

是这支苗族最具外在形式感的文化象征物。他们至今仍延续着古老的以长角头饰为象征的独特的苗族文化。这种文化非常古朴,有原始的平等、民主风尚,有丰富的婚恋、丧葬和祭祀礼仪,有别具风格的音乐舞蹈和十分精美的刺绣艺术

先人的发丝。

近十几年内，受到周围各民族影响，男子的头饰、服装变化较大，已经不戴长角了。而传统的盘头盛装被妇女们保留了下来，在节日的短短几天里隆重展现。随着龙嘎的变化，不知这种传统还能保留多长时间。

过去跳花坡主要是青年们聚在一起唱歌，跳舞，谈情说爱，而现在的内容已有了一些改变。跳花坡往往同赶场交织在一起，姑娘和小伙子们依旧在谈情说爱，互表心意，而小商小贩们则专心做自己的生意，很有点文化搭台经济唱戏的意思。

以前龙嘎的女孩子一般都不上学，她们从五六岁便跟着成年妇女学习纺麻、织布、蜡染、刺绣等手工艺，在她们看来，这是一个女孩子一生中所要掌握的最重要的技能。不会蜡染、刺绣的女孩子就要遭到同伴们的嘲笑，甚至嫁不出去。1996年梭嘎乡希望小学在龙嘎建成，现在有300多名学生。利用课余时间，女孩子们同样熟练地掌握了母亲教给她们的蜡染、刺绣技能，但与母亲不同的是，她们这一代女孩子同时还学会了认字和写字。

外出打工曾是新鲜事，龙嘎寨最早也是一两个人抱着试试看的想法走出去的。他们在外的经历和几个月的收入就能买一头牛的事实诱惑了全寨男人们的心。祖先的墓地旁新修了一条通向外面的路，龙嘎寨的后辈们就是通过这条路走出了先辈们从来没有走出过的群山。

18岁的杨德云从未离开过山寨，但明天他也要随寨里的人一起外出打工。杨德云是家里最小的孩子，父亲在他们很小的时候就去世了，母亲也远嫁他乡，是大哥杨德龙把弟弟抚养成人。德云虽满脸孩子气，但对外出以后的生活似乎充满信心。

春节一过，龙嘎的男人便开始结伴外出打工，姑娘们把小伙子们送出去很远，杨德龙没有动，望着弟弟远去的背影他觉得心里还有许多许多的话好像没有说完。几天后，杨德龙也走了。

随着外面的人越来越多地走进这里，龙嘎寨里的人们和这里发生的故事开始被大山以外更多的人所知道。龙嘎寨人越来越多地走出大山，大山以外的事情也越来越被这里的人们所熟悉。虽然眼下的生活只是发生了一些细微的改变，相信不久的将来，这将会给龙嘎寨带来谁也预想不到的变化。

梭嘎人的生活一直以来都是非常贫穷和落后的，那么，在梭嘎龙嘎寨这样的一个村寨建立生态博物馆，是不是就意味着他们得永远过这种非常落后的生活，不能再发展了呢？

苏东海："这点恰恰相反，建立生态博物馆的目的，一方面是要保护文化的精华，不光是整体，还有精华；一方面是帮助它继续前进。因为这个山村是贵州最贫困的山村之一，它首要的任务是脱贫，所以我们一开始和挪威合作建立这个生态博物馆的时候，他们的地方政府很支持，因为我们的第一项工作就是帮助他们脱贫。他们的山上没有水，要到山下去背水，用那种大水桶，这是妇女重要的事情。所以我们第一步就是引水上山，第二步是引电上山，可以看看电视、用用电脑。另外他们所有的东西，包括口述历史都用现代的工具记录下来了，这就是我们开展的记忆工程。记忆工程也是要用电的。所以这样一来，虽然他们不穿他们的传统服饰，也没有了原来十几斤重的头饰，但是他们过去是怎么样的，比如需要花好几个小时来做这种发型，都被录下来了。不仅旅游者在电脑上可以看到，他们自己的后人也可以看到他们的祖先是怎么生活的。他们比较好的一点就是现在的婚丧嫁娶还在继续传承着，而且他们的舞蹈和音乐有特别的个性。因为这一支是最弱小的，在最深的山里面，所以他们奏出来的音乐非常凄凉，有的苗族大寨子的音乐非常欢快，所以把这些都录下来了。他们也对旅游者表演，这种表演本身也是一种传承。当然有人持不同观点，说表演的话，就把这个民族道具化了，或者商品化了，但我认为他们是带着一种自豪感来演出的，所以这种表演本质上还是一种自豪。他们觉得传播自己的文化，接受外来人的欣赏，对本民族来说是一种传承的激励。"

建在斜坡上的房子

房子为全木质结构，木板为墙，木瓦为顶，为了保暖和防晒、防雨，屋顶上铺着厚厚的茅草

"挪威曾有一个专家问他们，说你们每家都有一个宝，你们知道不知道？他们就说，我们哪有什么宝啊？专家说，你们每家都有一台织布机，是最原始的。他们笑了，说这个怎么能叫宝呢，每家都有。挪威专家就告诉他们，现在你们每家都有，但全世界都没有了，所以渐渐的，外来人都会去看你们，而且还会有人要去买这些。他们就觉得自己的东西有价值了，慢慢地提升了对自己文化价值的认识，慢慢地就会保护自己的文化了。是这样一个过程。"

原本以为，大家去到山寨，是去看头上戴牛角的头饰，去看原始的生活方式，结果到了那儿以后发现，大家穿牛仔裤用计算机，刻竹记事也没有了。那么大家看什么呢？难道这种他人的观赏真会使得当事人产生对自己本民族文化的自豪感，从而有意识地在发展的同时去保护它吗？

苏东海："是的，而且激励它传承下去，这种传承是他们作为文化主人的一种觉悟。这有一个过程，但时间长了也并不像我们想的那样，因为他们对文化的意识也不是一讲就能明白的，是慢慢的，随着旅游者多了以后，慢慢地激发起他们对自己文化的热爱。但是能真正认识自己文化的科学价值、文化价值、历史价值，那需要自身认识有所提高，有一个相当长的过程。"

苏东海："我在广西时看见当地瑶族穿白裤，我就问那里的厅长，我说你看这个白裤能穿多长时间？他说恐怕外来人来了以后，穿白裤的时间就不会太长了。我说最后它还要回归到穿白裤子。那么这个过程大概多长？恐怕得好几年吧，也许这个认识自己文化的过程还会更缓慢，因为他们是从前工业社会过来的，对自己的文化、对世界的比较这方面，还没有能力。"

也许，这个过程确实会很长。它一定会先崇尚外来的现代文明，它必须从牛仔裤那个地方穿越过去，在充分的现代化之后，才能再回家，再有一个本民族的回归。

苏东海："所以建立一个生态博物馆来保护它，帮助它保存下来。"

那么，在这一矛盾当中，我们可能还需要知道另外一个概念，那就是数字化。比如上面谈到的，如果大家都不戴那个大牛角头饰了，至少在电脑上已经记录下了他们戴牛角头饰的形象。在数字化专家眼里，博物馆的数字化是怎么一回事呢？

首都博物馆的总工程师，中国数字化博物馆专家祝敬国先生告诉我们，实际上，在现代人们的生活当中，除了我们的物质生产，还有很大一块就是在网络里面生活，在信息中间生活。博物馆数字化就是在信息空间里边，用数字化技术构建出我们的博物馆，说得通俗点，也就是网上博物馆。

祝敬国："网上博物馆是虚拟的，是用数字化的技术构造起来的。我们现阶段能够做到的就是把我们的一些文物和文化遗产通过数字化储存起来，然后通过电脑在网络上面展示出去。我想我们国家或者世界的博物馆都在实验这一方面的工作，做得很多。任何一个事物都是不断发展的，所以它的现状都会不断改变。特别是对一个文化遗产来说，它作为一个物质存在，肯定有一个寿命期限，当然我们希望能研究这段历史，保留这段历史，能够去体验它或者从里面学到一些经验。那么只有用数字化的方式,把我们有形的文化遗产,比如刚才说到的苗族的村寨、建筑，它们的生活用品都记录下来。"

那么对我们来说，这种数字化博物馆有什么好处？又有什么弱点呢？

祝敬国："数字化博物馆，我想从长处来说，一个就是它脱离了实物，很方便地来展示我们的文化遗产。比如说，我们有很有名的一幅元代的《富春山居图》，在真实的历史上，为了给皇上陪葬，它被毁成了两截，一截现在在台北故宫博物院，一截现在在浙江省博物馆。如今就能用数字化的方式，把浙江省博物馆的《富春山居图》那一截跟台北故宫博物院的那一截拼上，现出一个完整的。这就是我们所说的数字化博物馆和现实博物馆相比的强项。而且我觉得，数字博物馆还有一个功能就是能够发掘处理文物背后的那些故事。因为我们去博物馆参观，光看那些器物的话，给观众的震撼或者说提供的信息是不够的，那么通过数字化，就可以把背后这些相关的信息给关联起来。比如拿瓷器来说，中国的青花瓷器是很有名的，但为什么我们的青花瓷器在明代的时候能够发展到一个鼎盛时期呢？这就跟郑和下西洋有很大的关系。郑和下西洋是到古代的爪哇，就是现代的印度尼西亚，他发现那儿有许多骨料，就用我们的丝绸、陶瓷，和那边做了一个商品的交易，把那些骨料买了回来。这样一来我们就有了青花瓷的原料，所以明代青花瓷的发展就很快。我们在博物馆里面，简单地放置一个青花瓷器，或者放置一个说明牌的话，是很难让观众去体会背后那些故事的。如果用数字化的方式，就可以用动画或者三维的虚拟把这些东西结合起来。"也就是说，可以用所有的手段，不是看到一个杯子就只是一个杯子，还可以配音乐，可以多角度拍摄，可以配解说，可以放文字，什么都可以，目的是把所有的故事都讲出来。

  祝敬国："如果说好的瓷器摸上去像小孩子的脸一样，真正珍贵的瓷器是不允许观众去摸的。但是我们用数字化的方式甚至可以让观众去体会一下触摸到瓷器是什么样的感觉，就是说把人的感受信息的感官，也就是视觉、听觉，还有味觉、触觉，都可以调动起来，给观众一个非常真实的历史环境的体验。"

  难道电脑里还能发出檀木的香味吗？

  祝敬国："可以，现在已经做到这一点了，从技术上面来说是没有问题的。问题就是我们怎么把它结合起来运用到我们的博物馆里。"

七

数字博物馆

　　昔日的紫禁城，今日的北京故宫博物院，当你步入其中，就会被红色包围着：红门、红柱、红色的窗、红色的墙。红色是这座古老宫殿的主要颜色，然而今天谁也无法准确地知道，500年前究竟是哪种红色。从明朝开始，故宫修复过很多次，每修复一次就会产生一次差别。北京故宫博物院里有一个摄影小组，他们每天不停地忙碌着，为古代宫殿建筑和精美的各类文物拍照留影。然而他们的辛勤工作还是不能留住文物的真实原貌，留住红墙的真正红色，因为随着时间的流逝，曾经用胶片记录的影像会变色，古老厚重的玻璃底片也会发霉。

　　2001年7月16日，对于北京故宫博物院来说，是一个值得纪念的日子。因为这一天北京故宫博物院国际互联网站正式开通，标志着古老的故宫开始迈入一个崭新的数字时代。数字故宫计划启动以后，北京故宫博物院首先开始的是影像的数字化工作，他们把用常规的方法拍摄到的文物影像底片，通过高精度无损压缩的方法扫描，同时得到一个高质量的数字影像，然后刻录成光盘保存。

　　今天的故宫人虽然不能告诉人们百年前故宫的墙是怎样的红色，但他们运用现代化的数字技术有能力告诉以后的人们现在故宫红墙的真正

北京故宫

颜色。

北京故宫博物院是中国最大的博物馆，这里的建筑群是世界上最完整、规模最大的古宫殿建筑群，这里还收藏着中国历代皇朝传世之宝近百万件，辉煌的建筑、精美的文物记载着中国上千年的悠久历史。

然而单凭游览能完整目睹故宫文化奇观和故宫全貌的人真是屈指可数，而且故宫文物的展馆大都设在古建筑内，受古建筑展馆条件的限制，故宫近百万件文物中只有8 000件能轮流展出，参展的文物只有简单的说明，一般游客由于受参观时间的限制根本看不完所有的展品。而在故宫网站上我们能看到各类文物2 360多件，影像信息1.2万多个，这些文物大多数是宝中之宝。网站上我们还可以利用专用插件将文物的影像放大，进行细节浏览，织物的质感、瓷器的裂痕、器皿的匠艺、书画的笔锋都清晰可见。

为了不使这些古老的建筑形式、结构尺寸、装饰特征，以及建造技术在岁月的磨洗中消失，北京故宫博物院已经开始运用现代化三维虚拟技术建立宫殿的数字模型，将古建筑形象立体地展现出来，把古建筑的技术资料准确地用数字记录下来。到那个时候，世界各地的人们都可以通过电脑跨越时空，在数字时空中任意漫游。

远在中国西北荒漠中的敦煌，也以另外一种方式迎接着人们的到来。

在这里我们看到的是熟悉的敦煌，然而也是一个陌生的敦煌。敦煌在许多人眼里总是与辉煌、灿烂、博大精深联系在一起。因为它有2 000多年的历史，秦汉之前就有人在这里游牧。丝绸之路的开通使得这里成为东西方文化的交汇之处，它还以另一种形式保存了一个完整的古代社会。这些文献、壁画和彩塑使得敦煌研究成为世界性的显学。

敦煌为世人所关注是因为两个人，19世纪初来自法国的伯希和与英国的斯坦因，他们共同的特点都是探险家和学者，对敦煌宝藏采取的手段也相似——骗。看守宝藏的王道士无论如何斗不过学贯中西的大学问家；有人说斯坦因和伯希和是强盗，也有人说他们是学者。

斯坦因等人来到敦煌时拍摄了很多照片，那时的敦煌就像一个破旧的堡垒，地面残破，四周荒凉。而这些壁画和雕塑的线条比现在要清晰流畅，一些现在已经不存在的细节在那时候还清晰可见。时间仅过去了100多年，在如此短暂的时间里看到它的变化就有点触目惊心了。

目前莫高窟各种洞窟有将近500个，在各个洞窟里面，各种壁画不同程度地存在着病害，许多壁画跟它所附着的崖壁产生脱离，直到最后壁画脱落。还有一些壁画和彩塑的颜色已经脱落，有的整片整片脱落，

| 敦煌壁画

显得斑斑驳驳。这些神界中人，或神情宁静，或姿态安详，但文物工作者的心里面却不那么轻松了。敦煌研究院从未间断过对敦煌壁画进行抢救性的保护工作，这包括大量的临摹、拍摄壁画，直到现在的数字化保护计划。数字化保护计划是敦煌研究院最新的一个洞窟保护计划。它跟传统的保护手段最主要的差距在于所有的信息都是用数字化的形式保存下来的。这样做难道只是为了更方便快捷地阅读敦煌和它的文化吗？

曾任敦煌研究院院长的樊锦诗说，从前游客来了被直接引入洞窟，但今后不打算这样做，可以先把游客引到虚拟展示中心，这样可以缩短游客在洞窟里的时间。等到数字化手段更加成熟之后还要把制作出来的洞窟漫游上网，使不能到敦煌的人在网上也如同真实游览一样。樊锦诗说，如果敦煌能永垂不朽，即使只剩下一个游客又有什么关系呢？

那么，会不会产生另外一个后果，就是最终的数字化博物馆取代现实意义上的博物馆，大家图方便都在网上看了，没有人去罗浮宫了，没有人去北京故宫博物院、大都会博物馆了呢？原美国大都会博物馆东方馆馆长、汉学家姜飞德女士认为问题并不是很大。

祝敬国："我想这是不存在问题的，为什么？且不说数字博物馆的本质属性就是用实物来验证我们的历史，观众看了我们数字博物馆的这些东西的话，我想他会产生一种欲望，迫切希望到实地去，看看这个实物，来和自己在网络上面、通过数字化方式看到的东西做个比较。所以我想，不会发生那种看了数字博物馆以后不去真实博物馆的情况，我想恰恰会相反，如果看到了数字博物馆，会更想去参观实体的博物馆。"

姜飞德女士研究中国画，同时帮助做故宫上网的工作，应该说，很方便在网上研究中国画，但是她认为，必须还得去看原件。

姜飞德："还是要看原件，要看它整个的设计，手绢，题跋，这些都要看。如果下很多工夫，当然虚拟博物馆也可以做到，但是那个工作量就太大了，不可能每一件作品都做到。"

祝敬国："实际上也经常有一些专家或者博物馆的同行问我，说是

乾清门广场

位于保和殿后乾清门前,东为景运门,西为隆宗门,是前朝和内廷的分界地带

有了数字博物馆以后,还要不要我们的实体博物馆呢?其实数字化的技术是人工的一个加工过程,在人工的加工过程中,即使我们把古代的文物放在电脑上,把触摸的感觉或者是把它的气味记录下来,但受到我们技术手段的限制,受到我们人的主观认识的限制,它的信息的采集是不完整的。不可能说把文物所蕴含的信息全部发掘出来,人的认识程度也是有一些限制的。所以我们在数字博物馆里面,所能够展现的东西实际上相对它的实物来说,仅仅是它的一部分,它不能够替代实物本身的作用,或者说,我们走到博物馆面对这个实物时所感受到的震撼力也跟在数字博物馆里面感受到的震撼力是不一样的。"

苏东海:"数字化在博物馆中的应用有很大的争论,关键是应用到

云冈石窟

什么程度。有一年召开国际会议，新加坡的国立博物馆介绍了他们在陈列室里面广泛运用数字化媒体的经验，认为只要是数字化就可以放大，比如说一个皇冠，数字化就可以看到每一颗珍珠，它可以为人的感官增加更多的信息。但是他介绍完了以后，爱尔兰的国家博物馆馆长就反对，认为原件是够好的，不要去干扰它，历史是怎样的，原件是怎样的，不要用媒体去干扰它，如果用现代的媒体去干扰它，就反而影响了原件的原真以及对它的欣赏。两方针锋相对地争论了一下。

"也许我们一开始只是在网上看，看完之后会发生兴趣，会更想去看原件，看完原件之后又会希望再到网上，对一些没看明白的细节再做研究，如果有可能，会再去验证原件。数字化和原件之间的关系应该是相互补充、相互促进的关系。我们也希望最古老的文明和最现代的文明能够互相匹配，相得益彰。就像最古老的要保留生态，和生态中的人要发展一样，最后也能相得益彰。"

绿色博物馆

　　一提起安徽的名山，人们自然就会想到黄山和九华山，可是另外还有一座人们可能不太熟悉的名山，它就是被称作"古南岳"的天柱山。

　　天柱山位于安徽省安庆市潜山县西部，因其主峰如"擎天一柱"而得名。1982年，天柱山被国务院列为首批国家级重点风景名胜区，1992年被林业部批准为国家森林公园，2000年又荣膺首批国家"AAAA级旅游区"和"全国文明森林公园"的称号。

乾元禅寺

旧名山谷寺，又名乾元禅寺。为天柱山风景区南大门，始建于梁武帝时，隋代禅宗三祖僧璨禅师于此立化，葬于寺后

天柱峰

天柱山有海拔千米以上的雄峰45座，其中主峰天柱峰最为壮观，海拔1488.4米，浑身石骨，拔地而起，直插云霄，势如"中天一柱"

天柱山又名皖山、皖公山、万岁山、潜山，安徽省简称"皖"即源于此。其规划保护区面积为333平方千米，其中主景区面积82.46平方千米。

天柱山乃历史名山，以雄、奇、灵、秀的自然风光和底蕴丰厚的历史文化著称于世。据《史记》记载，公元前106年，汉武帝刘彻封其为"南岳"，后隋文帝杨坚拓展南疆，改封衡山为南岳，但天柱山仍以"古南岳"的尊号而备受世人仰慕。天柱山最大的特色就在于奇特的自然景观和丰富的人文景观交相辉映，相得益彰。难怪诗人李庚在广历祖国名山大川后赞叹道："天下有奇观，争似此山好！"

1.自然景观

天柱山地处我国南北交汇地带，属亚热带向暖温带过渡地域，造山运动及构造断裂的长期活动，使天柱山在以花岗岩山体为主的同类型风景区中得天独厚，既具北山之雄，又有南山之秀，雄奇灵秀，兼容并蓄，刚柔相济，古朴天然。

雄峰巍峨

天柱山有海拔千米以上的雄峰45座，其中尤以主峰天柱峰最为壮观，海拔1488.4米，浑身石骨，拔地而起，直插云霄，势如"中天一柱"。飞来峰三面绝壁，巨磐盖顶，宛若天外飞来。天池峰上有两个天然形成的天池，常年积水不枯。五指峰、天狮峰、迎真峰、天蛙峰、覆盆峰等神态各异，在云遮雾绕中形成了"峰海"奇观。真是一个角度一幅画，移步更换一重天。

▎奇石天成

天柱山巧石遍布,或大或小,或散或合,或立或卧,状人状物,栩栩如生,与自然的山势形成和谐的统一,勾勒出一幅幅动人的画卷

奇石天成

天柱山是山岳型风景区,是石头垒成的山。山中巧石遍布,或大或小,或散或合,或立或卧,状人状物,栩栩如生,与自然的山势形成和谐的统一,勾勒出一幅幅动人的画卷。如南关的仙蚌献珠、龙吟虎啸、金鸡唱晚、太白观海、仙人指路、皖公神相,主峰一带的娘娘晒鞋、鹦哥起舞、仙人别墅、美满鸳鸯、神猫逼鼠,东关的仙人打鼓、蚰蜒爬壁、鹊桥横空,马祖庵的混元霹雳、猪头衔草等,举不胜举。

古松苍劲

天柱山的千年古松不下万株,尤以"十大名松"最具特色。作为群松之首的天柱松,又被称作"天柱松王",它屹立于绝壁之上,扎根于石缝之中,下临万仞,上逼蓝天,刚直挺立,确有不可一世之概。探海松,用其弯曲的躯体,伸出长长的手臂,去探秘浩渺的云海。还有五妹松、虬龙松、双掌承露、鹰松、舞女松等,千姿百态,婀娜多姿。

▎古松苍劲

天柱山的千年古松不下万株,五妹松、虬龙松、双掌承露、鹰松、舞女松等,千姿百态,婀娜多姿,把天柱山装点得郁郁葱葱,青翠欲滴

秀水晶莹

天柱山山有多高,水就有多长。飞瀑亦是天柱山的一大奇观。九井瀑布是由9条瀑布组成的瀑布群,气势宏伟,令人叹为观止

秀水晶莹

天柱山山有多高,水就有多长。位于主峰景区的炼丹湖海拔1 100米,蓄水量10万立方米,是全国第三大高山平湖,犹如一位慈祥的母亲,滋润着天柱儿女、万物生灵。飞瀑亦是天柱山的一大奇观。九井瀑布是由9条瀑布组成的瀑布群,气势宏伟,叹为观止!飘云瀑位于海拔1 100米以上,在微风的吹动下,瀑面仿佛平铺了一层薄纱,悠悠洒洒,飘然而下;激水瀑从天而泻,雪崖瀑声如洪钟;珍珠瀑恰似大珠小珠落玉盘的奇妙场面。

秘洞府诡

天柱山的景点中,最具特色的莫过于神秘莫测的洞府了。这里有知名洞府53处,且多聚集千米以上的主峰景区。它们叠石天成,自然成趣,如马祖道一修炼的嘉平馆,大宋顾柬之宿过的柬之洞,迎真峰上的迎真洞等。但规模最大、结构最为奇特的应首推被誉为"全国花岗岩第一秘府"的神秘谷。由峰巅坠下的巨石,无序叠置于峡谷之中,便形成了这神秘的洞穴。它全长450米,分逍遥宫、迷宫、龙宫三大部分。从狭窄陡峭的洞口而入,左右环绕,上下迂回,时而步道断踪,时而又别开洞天,真是神秘莫测,其乐无穷。相传此处还是道教真人"司命真君"的洞府。

松涛竹韵

天柱山地处北亚热带和暖温带的交汇处,特殊的气候条件形成了复杂的植被类型,119科千种以上的植物在此汇聚。其中北关寨的万亩竹海、铜锣尖的千亩杉林、南关寨的千年古松和主峰一带的珍珠黄杨把天柱山装点得青翠欲滴,分外妖娆。天柱山的森林覆盖率高达95%,在深山密林里，不失为动物栖息的理想之地，至今仍有虎、豹、豪猪、小灵猫等数百种珍稀动物出没其间。

景观奇异

天柱山之所以神秘，在于众多的奇异景观。"天柱晴雪"之美：在主峰景区西边有一堆堆白色的沙丘，白天在骄阳的照射下，晶莹闪亮；入夜踏月观赏，满目寒光，凉气袭人。在万绿丛中，它犹如一堆堆白雪，正是"多年积雪类琼瑶，日炙风暄融示了"。"九井西风"之奇：九井河一带，由于山势的缘故，不论外界刮的是东南西北风，在此皆变成西风。沿河而下，一年四季，子起卯息，绝无更改。特别是酷暑夏夜，西风一到，暑气顿消。"翠华回音"之妙：在东关景区的回音台上，面对翠华、天狮、覆盆诸峰呼喊，此呼彼应。由于四面山峰远近参差，回音有明显的时间差，便形成了"一喊三回音"的奇象。若众人在此结伴高歌，又仿佛是千百人组成的大合唱。"仰天大佛"之神：以虎头崖为头，斗牛岭为身，锣鼓冲为脚，绵延15余千米的玉镜山活脱脱地勾勒出一尊"仰天大佛"的神像，他鼻眼岸然，手握宝瓶，仰天而憩，有呼之欲起之势。"天柱佛光"之怪：雨过天晴，当您伫立在天池峰上，眺望天柱峰，前面是浓雾或密云，背后有阳光照射，在对面的云雾中就会出现一个七彩光环，且环环相扣，中间还能映照您的倩影。此外，东关的云海、南关的雾凇、西关的雪霁、潜河的晚霞等，都可谓绚丽非凡，不可名状。

2.人文景观

天柱山是一块神奇的土地，历史悠久，文化丰厚，名流辈出。春秋时这里已是皖国封地，山称皖山，水称皖水，城曰皖城。这里山川秀美，物种富饶，再加上它自古以来处于政治、经济、文化交流的中心地位，以及直通长江的皖河和贯穿县境的官道所带来的交通便利，使天柱山成为人文荟萃的宝地，使潜山成为集古皖文化、帝岳文化、宗教文化及戏曲文化于一身的历史文化名城。

石刻文化

在这片不到300米长的石壁上,汇集了唐、宋、元、明、清、民国共300余幅石刻,可谓是诗、词、文、图、赋,形式各异;行、草、隶、楷、篆,五体俱全,宛如一条艺术长廊

石刻文化

"无山不石刻,有刻皆名山"。自古以来天柱山就以其特有的魅力吸引着骚客文人、达官显宦纷至沓来。他们面对如此美景,挥毫泼墨,抒发内心的感慨,于是便留下了众多的石刻。从石牛古洞到马祖庵,从虎头崖到天柱之巅,从九井河畔到南天门,到处都是古圣先贤们的题刻,而这其中石牛古洞内的山谷流泉摩崖石刻,以其数量之多、密度之大、品位之高、年代之久而列各景区石刻之冠,被国务院列为国家重点文物保护单位。在这片不到300米长的石壁上,汇集了唐、宋、元、明、清、民国、现代共300余幅石刻,可谓是诗、词、文、图、赋,形式各异;行、草、隶、楷、篆,五体俱全,宛如一条艺术的长廊。其中尤为珍贵的是一代改革家王安石和书法宋四家之一的黄庭坚的真迹。

宗教文化

天柱山是佛道两家的"洞天福地"。道家将此列为中国名山三十六洞天之十四,并称其为五大镇山之中镇。千百年来的膜拜和香火沉积了丰厚的宗教文化,既有可观可览的有形景观,又有可读可听的无形传说。自东汉方士左慈在此传教后,道教遂在此生根。萧梁时期,金陵高僧宝志来此布道,并与方士白鹤道人斗法,结果平分秋色,从此,天柱山成为佛道圣地，鼎盛时期的唐宋，寺观不下百余座，曾有"三千道士八百僧"之说。佛教代表性建筑为凤凰山下的三祖禅寺和天柱山腰的佛光寺（马祖庵）以及县城西郊的太平塔。三祖寺于1982年被国务院列为汉族地区142所重点寺庙之一，最初被梁武帝萧衍赐名"山谷寺"，后因禅宗三祖僧璨在此驻锡，故名"三祖寺"。唐玄宗之子唐肃宗即位之始改元"乾元"，即于乾元元年（758年）下诏赐名为"三祖山谷乾元禅寺"。寺内觉寂塔建于唐天宝年间，为三祖僧璨的舍利塔；另有建于唐朝的"三祖传衣洞"和建于宋朝的"摩围泉"。

史迹文化（古皖文化）

这里的史迹最早可以上溯到以"薛家岗文化遗址"为代表的5 000多年前的古皖文化。薛家岗文化遗址坐落在潜山县王河镇，共发掘面积2 000余平方米，出土文物2 000余件。出土文物有石器、陶器、玉器三大类，生产工具以石器为主，其中13孔石刀为国内首次发现，极其珍贵，生活用具以陶器为主。这些器物以新石器时代物品为主，并有少量商代和唐宋年代遗物，它们风格独特、

《虎溪三笑图》

宋代，佚名。绢本设色。纵26.4厘米，横47.6厘米。台北故宫博物院藏

舞蹈服装

既是生活服装的升华，同时又是生活服装的审美先导。唐代舞蹈服装的设计，追求新奇，思考精细，形式众多，在唐代洞窟壁画、雕塑、陶俑和绘画中保存着丰富的形象资料

自成面貌，代表了新石器时代独树一帜的一种文化，为研究新石器时代晚期人类在长江中下游地区生活和生产活动，以及与黄河流域诸文化的关系，提供了十分珍贵的文物资料。

珍藏于县博物馆内的"潜山安徽龟"化石，是我国迄今发现的最早的龟鳖类动物地史记录，而"东方晓鼠"则推翻了西方学者"啮齿类起源于北美"的论断。动物学家称潜山为"古脊椎动物化石的宝地，亚洲哺乳类的发源地"。

南宋末年，当地土豪刘源率领10万民众据守天柱山，抵抗元军，后战死在天柱峰下。明宣宗嘉其忠义，封其为"护地大王"，至今仍存"大王坟"遗冢。天柱山之"东关""西关"等名称即由其关寨名而来。此外，还有堵河灌田为民造福的水利工程吴塘堰等。

名人文化

天柱山的名人踪迹最早可以追溯到汉武帝封岳，现在仍可探寻到当年汉武帝祭岳留存的"祭岳台""旌驾桥"等遗迹。后隋文帝志在南疆，移南岳封号于湖南衡山，但天柱山依然以它的钟灵毓秀吸引着众多的文人墨客、达官显宦前来造访。李白在江上看一眼天柱山就吟道"奇峰出奇云，秀水含秀气"，并表示"待吾还丹成，投迹归此地"；白居易的一句"天柱一峰擎日月，洞门千仞锁云雷"更是穿透了历史，至今仍在我们的耳畔回响。王安石在潜山任舒州通判时，拥火夜游石牛古洞，作诗云："水无心而宛转，山有色而环围。穷幽深而不尽，坐石上以忘归。"黄庭坚在石牛古洞内筑亭读书，自号"山谷道人"，并坚称"吾家潜山"。

古皖大地，地灵人杰，早在三国时，这里就诞生了著名的天文学家、数学家王蕃。晚唐有诗人曹松，宋朝有宰相王珪、擅长画马的李公麟，到了近代，更有京剧鼻祖程长庚、章回小说大师张恨水、杂技皇后夏菊花。他们都是天柱山的儿女，他们都是我们潜山人的骄傲！

戏曲文化

发源于湖北黄梅地区的地方剧种黄梅戏一植入天柱山这片土壤后，

立刻就奇葩绽放,光华万丈,先有开拓者严凤英,后有新秀韩再芬,硬是将黄梅戏唱响中华大地。《孔雀东南飞》的故事就在这里被搬上了黄梅戏的舞台。

最值得一提的是,徽班领袖程长庚在安庆二黄的基础上,融合弹腔,以徽调为基础,唱法取之汉调,并吸收昆曲、秦腔之精华,融会贯通,形成独特风格,即"京二黄",集徽剧之大成,开京剧之先河。他培养孙菊仙为弟子,收谭鑫培为义子,指定杨月楼为"三庆班"继承人,实无愧于京剧鼻祖之称谓。另外,在龙潭的杨家祠堂内仍完好地保存着古戏台。

现在有一句口号:享受自然。享受自然的本质也就是保护生态。从古到今,无论是古代的诗人,还是现在的文人墨客,对这些自然生态都非常向往。从古代开始人们就希望与动植物成为朋友。古时天柱山下的老城区,每逢暴雨,污泥和水流入低洼的雪湖,沉淀出富有机制的肥泥,古人佛心一动,种上了莲花,没想到既改善了环境,又长出了天柱山的著名特产"雪湖贡藕"。

天柱山地区资源非常丰富。除了瓜蒌子,还有板栗、蚕桑、果蔬、中药材等十大基地,共约3.33万公顷。全县的瓜蒌已经发展到0.32万公顷,每亩(约667平方米)的收入高可达4 000元,低的可以达到2 000元。农民在发展瓜蒌的过程中,尝到了脱贫致富的甜头;另外,当地政府用公司加工的方式来组织、收购、销售瓜蒌子。

天柱山充分利用了当地资源来巧取妙用发展经济,除了瓜蒌子之外,还有一种特产是凉席,也非常出名。近些年出土的汉代棺葬中,就发现2 000年以前制作的竹凉席,工艺精湛,柔软如丝,整床凉席可以折叠、握卷成书本大小而不致断裂。当地有万亩竹海,又成了旅游发展上的一个大的亮点。

有一个统计数据,2002年天柱山的旅游人数达到75万人次,与1998年相比翻了两番,从这个数据我们可以看出,回归自然感受生态已经成为人们旅游的一种新去向,天柱山的自然生态同样吸引着大量的游人。

九

扶桑文明

　　公元前219年，秦始皇统一中国后东行巡游，登泰山后南行路过山东琅琊，因见到海市蜃楼，非常高兴。在秦始皇沉醉于海上如梦的奇景、永享皇帝尊容之乐时，有一方士徐福上书说：海中有3座神山，有仙人居之，愿意带童男童女为秦始皇求长生不老的仙药。于是秦始皇派遣徐福带领着数千童男童女入海求仙去了。过了9年，徐福回来又向秦始皇要了更多的人员和物资，这一去就再没有回来。这一段历史被记载在司马迁写的《史记》里。那么，徐福到底去哪了，没有人知道，司马迁也只是含糊记述了：徐福到了一个"平原广泽"的地方。现在的人们更多的认为徐福是到了日本，日本也有很多的有关徐福的寺庙、纪念活动，甚至有人找到了徐福登陆的地点和徐福的墓地。难道徐福真的到了日本？

　　有关徐福的传说、文物有很多，日本就有很多包括像徐福神社这样的一些建筑，但是它们的真实性是值得商榷的。能够直接证明徐福到日本的证据，在日本并没有发现，或者说有一些东西被证伪了。我们现在没有一个非常科学的证据，说明徐福是真的到了日本。但是从地理上看，要是从山东这个地方出海的话，在当时的条件下，在渤海口那儿，直接就到了朝鲜，应该是有这种可能性的。

中国的《后汉书》有一篇《韩传》，上面有一段叙述：在朝鲜半岛的东南部有一批秦之亡人。这个"秦之亡人"的意思就是"从秦朝逃亡过来的人"的意思。他们自己认为自己是秦朝的后代，从秦朝过来的人。

在朝鲜半岛的南端发现了这样一群秦之亡人，那就证明这些人是渡海过去的，他们不会是从大陆、从新义州那边过去的，肯定是渡海过去的，所以才能在南部有这么一块地方，而当时具有渡海条件的人，徐福可能性是最大的。

作为一个外来的民族，如果想在异国他乡定居，要是对方不允许的话，他们只有通过武力来解决这个问题。据历史记载，当时只有徐福是由秦始皇派出去的，一般人可能没有这个能力，又带着军队，又带着给养。

徐福曾经东渡东海两次，但是他第一次没有成功，然后他就跟秦始皇说东海很难去，因为那里面有大鲛鱼，我去不了，你得给增兵，给我武器我才能走，所以有了他的第二次东渡。这样的话他就有了足够的兵力，才能够在朝鲜半岛用武力解决他们的生存空间，否则的话是很难的。如果没有这种集体迁徙的话，他们很难在朝鲜半岛东南部有一个生存空间。

那么，为什么后来人们接受了徐福到了日本一说？

后来的历史，多次提到徐福，大家很容易把历史上一段时间内发生的事，附会到这样一个有传奇色彩的人物身上。

徐福东渡的那个时期，正处于日本的绳文时代到弥生时代的过渡期。绳文时代是相对比较原始落后的一个文化时期。绳文的意思，就是大量出土的陶器和陶俑表面上有绳索图案。绳文文化之后，马上就到了弥生时代。弥生在日语里是飞跃、跨越的意思，弥生文化就是一种质的飞跃，一种突变的文化。如果没有受到外来文化重大影响的话，它很难实现这么一种文化的发展。

日本当时发生了很大的变革，原因就是因为有了外来的冲击，也就是说有一些像徐福这样的人到新的时空里去发展,去生根了。

日本,作为与中国一衣带水的邻邦,与中国的交流有着悠久的历史。但在中国国家博物馆举办的《扶桑之旅——日本文物精品展》却是日本国家级文物在中国的首次展出。

以日本考古、佛教美术、正仓院宝物、贵族生活与武士装束、近世的风采5个主体构成的扶桑之旅文物展,共有展品99件,其中1/3是日本国宝级的文物。展品横跨原始社会到近代明治维新前2000多年的历史,从不同侧面展示了日本在汲取多元文化的基础上形成的独特的民族文化。

从此次展览的大量展品中还可以看出中国文明对日本文化产生的强烈的影响。无论是印有中国三国时期魏国年号的铜镜,还是中国南宋传到日本的茶罐、茶碗,无不说明在古代,日本与中国交流的频繁。

在这次展览中,有一本书引起了人们的好奇,这本被誉为日本国宝的《日本书纪》竟然全是汉字书写,而且行文方式也与中国古文一模一样。通过这个展品我们可以知道,日本很长一段时间,其实使用的是汉字。

以前日本没有书写的语言,它只有口头语言,后来在隋唐的时候,中国的文化、中国的文字文明都传到日本,他们就觉得我们只说不好,能不能把我们说的写下来,我们就借中国的汉字吧,但是他们只用了我们中国的发音和字的形状,就是说象形这些特点,它的意思并不一定是

《日本书纪》

是日本留传至今最早之正史,原名《日本纪》。当时以汉文作为正式的官方语言,考虑到文字之华美性,是以编纂《日本书纪》时,多半借用中国典籍上之文字,拿来描述上代所传承之传说

一一对应的。所以有的时候会产生误会。我们汉语的"手纸"跟日语的"手纸"意思完全不一样，日本人的"手纸"是信的意思。

那么日本人为什么要在汉字基础上再制造出片假名和平假名呢？

汉字是象形文字转化的表意文字，每一个方块字都是表示意思的，如果用它表示发音会很别扭，比如说一段话，完全用它表音的话，可能要写半天才能写下来，很费劲。再有一个更大的理由，是和语系有关系。汉语属于汉藏语系的一种语言，它的结构是主谓宾；日语和朝语属于通古斯—阿尔泰语系的语言，它的句子结构是主宾谓，它的谓语动词在最后，这样的话如果都是用汉字来表示，或者原封不动用汉语来表现他们语言的话，好多地方得倒过来念，很麻烦，不利于阅读。所以创造一种拼音文字，能使他们的语言在表意方面能够借助汉字的有用之处，比如表现一些概念，像"革命""政府"这些概念，但是表示动词，可以用假名来表现，这样的话就可以使阅读没有障碍，让阅读更广泛地普及。当然它产生的原因有好多种说法，比如说是女书、女手等，就是因为日本的女性也喜欢阅读，所以在女性之间首先发起一种草书体，然后慢慢演变成平假名了。

现在在日本，汉字使用越来越少，假名越来越多，实际上一方面原因是为了普及阅读，简化汉字（有好多汉字不在法定的使用范围之内），更主要的原因是平假名系统和片假名系统，因为片假名在日语中主要表现外来词语，尤其在现在年轻人的文化当中，外来语词更是大量存在，在战后，日本甚至把拉丁字母也吸收到日语中去了。

中国曾一直坚守一个原则，就是绝不让汉字以外的文字，进入我们标准的文字表述中，但是我们后来碰到了来自日本的外来语后也没办法了，"卡拉OK"，"卡拉"可以用汉字写出来，OK是写不出来的。所以现在的《现代汉语词典》里，"卡拉OK"有了。不仅卡拉OK有了，MTV也有了，很多带拉丁字母的外来词已经进入汉语里了，而始作俑者是日本。有这么一个过程，日本先把拉丁字母引入到它的语言里，然后这个影响,现在已经波及我们这里来了,所以我们的汉字体系也在受到冲击。

但是中年以上的日本人却为此非常遗憾,他们觉得汉字应该是亚洲各国共同的财富,大家都应多使用一些。比如说日本,虽然现在汉字的使用在减少,但是因为我们有汉字的这种联系,中日人民之间就有一种亲切感,尽管彼此可能不能对话,也听不懂,但至少可以笔谈,交流非常方便。

汉字在维系亚洲的民族传统方面,实际上是起到了独一无二、不可替代的作用,这些曾经用过汉字的国家,如果把汉字废掉了,实际上也是丢掉了自己的民族传统。

那么,日本人现在使用的汉字又有多少呢?

在1981年的时候他们做了一次重新规定,现在日本人最基本的要求是要认识1945个汉字,他们叫"当用汉字",就是有必要使用的汉字。

从文字方面就可以看出来,我们共用一种文字,这也表明当时双方的交流还是很频繁的,或者说来往也是很密切的。中国唐朝时期的日本,正处在变革时期,内政改革亟须引进唐朝先进的文化、制度。

在这一背景下,日本自唐贞观四年(630年),开始向唐朝派遣使节。据史籍记载,自630年到894年间,日本共任命过20次遣唐使,其中17次抵达唐朝。实际上真正意义上的日本遣唐使有13次,合计人数有6000余人,其中负有使命的3000人左右。这些成员集中了当时日本国内的多方面优秀人才,上至大使,下到一般使臣,大多是擅长文墨、了解唐朝国情或身怀技艺的人。这些人到了唐朝,在有限的时间内,深入各自领域考察学习。事实表明,效果相当显著,既接触了新知识,又带回了大批实物和书籍。

值得指出的是,在这期间中日两方的僧侣进行了大量交流,中国有四五十位高僧和学者东渡日本,其中最著名的就是鉴真了。日本在遣唐使团中还有不少学问僧,整个唐朝时期,日本大约派遣了12批约200

多名僧侣随使团入唐求学,仅空海、最澄、园仁等人带回去的经书就有1 706部3 224卷。

在隋唐的时候,日本向中国派来的主要是政府派遣的遣唐使、遣隋使,这些人当中除了像空海这样的高僧,也有一些其他人员,他们主要是把中国的文化典章制度学回去,服务于当时的贵族,后来日本在中国唐朝前后出现了一个叫平安朝的非常繁荣的时期。

到了宋以后,出现了"入宋僧",这个时候大部分是僧侣了,而且很有意思的是,大概从南宋这个时期,一直到宋、元、明这三个时期,日本历史上和我们相对应的,就是长达将近800年的一个幕府时期,武士阶级得到了统治权,用幕府的形式实际上是取代了原来的天皇的地位,以军事集团的形式取得了对日本的统治权。

在整个这个时期,幕府和大陆交往主要是靠僧侣,所以这一段时间实际上和尚起的作用是非常重要的。他们主要是学习文化,学习佛教。他们在文化交流方面所起到的作用也是值得评价的,比如说茶道在日本的兴起就和他们所起的作用有很大关系,应该说他们起到了文化使者的作用。

茶起源于中国,公元1世纪中国就发明了蒸制茶叶的方法。8世纪,茶传入日本。根据日本《茶经详说》,729年,日本圣武天皇在宫中召集百名僧侣念经,第二天赠茶犒劳众僧。当时的茶是由遣唐使带回来的,非常珍贵。因此,能得到茶也就非同一般了。此后,日本高僧空海等先后将中国茶种带回日本播种,并传授中国的茶礼和茶俗。到了11世纪,日本兴起品茶风,带头人是曾经留学中国的禅师荣西。荣西研究中国唐代陆羽的《茶经》,写出了日本第一部饮茶专著《吃茶养生记》。他认为"饮茶可以清心,脱俗,明目,长寿,使人高尚"。

此后,茶道大师千利休提出了"茶禅一味",即饮茶就是悟道的观点。茶道的目的不是为了饮茶止渴,也不是为了鉴别茶质的优劣,而是通过复杂的程序和仪式,达到追求幽静、陶冶情操、培养人的审美观和道德观念。

　　饮茶在中国古代也是一件比较郑重的事，但总的来说在日常生活中间，来客奉茶也是一件极普通的事情，但在日本，茶道搞得特别隆重、铺张。这是因为隋唐的时候，据史书记载，最早的茶是空海他们带回到日本去的，那个时候是平安朝，茶主要是给贵族们或者是王室享用，一是量很少，再一个茶本身也像药材一样金贵，不是一般人都能喝到的，实际上茶叶不说进入寻常百姓家，至少进入贵族以外的阶层应该是宋以后的事情，也就是说，是那些入宋僧把这些茶带回去的。所以说茶并不是一开始就是很大众化的东西，它一开始还是很贵族化的。

　　在日本，茶道指的是一种宗教的仪式，既然是仪式就得非常正式，要让人在一种比较安静的环境中去悟出禅宗的道理，可能我们中国人觉得日本的茶道过于重于形式，但是其实它最初还是受到中国的禅宗影响。

日本茶道茶室
又称"本席""茶席"，为举行茶道的场所。日本的茶室一般用竹木和芦草编成。茶室面积一般以置放四叠半"榻榻米"为度，9~10平方米，小巧雅致，结构紧凑，以便于宾主倾心交谈

茶器具

茶道不仅仅是饮茶,还在于欣赏以茶碗为主的茶器具、茶室装饰、茶院子以及主客之间心灵的交流

所谓道,不是我们说的那种"道可道非常道"的道,而是说是一个桥梁,一个通向高雅境界的桥梁。这个桥梁就是宗教,茶禅一味。

不知道您有没有去体验过日本的茶室?一般非常正式的、规格比较好的茶室,门口是非常低的,高度最高也就是70厘米吧,长宽70厘米,很小,所有人要进入这个茶室,都只能爬着进去。这个意思是说人没有贵贱高低之分,必须是平等的。

所有的来宾爬进去以后,会有一个人专门领着你就座,就座完了以后,大家非常安静,看着他们去给你点茶,有非常精美的茶具,然后是烧水。咱们中国人喝茶是泡着喝,日本人,尤其在茶道里面是把茶叶碾碎了,然后给你表演,把他所拥有的最漂亮的茶碗提供给来宾。像这次扶桑之旅,就展示了一个非常精美的茶罐,它是从中国宋代传过去的。我们可以看到,外边的包装非常漂亮,包装是日本的包装,里面的茶罐是中国的。这个茶罐本身可能并没有包装那么漂亮,但是可以想见,当时日本对中国传过去的茶具是多么珍惜。

煮水器（竹架和木架）

茶道活动中选水、煮水也是一种雅艺，在木炭燃烧过程中，通过感受木炭形状的变化，壶中水的微妙变化，去体会事物的变化规律，体会时间的流动

目前日本的高中、大学还有茶道俱乐部，成员还是以女学生居多。日本的传统是追求一种美德，会茶道，会插花，就像我们中国人说的会绣花等，是找到好婆家的一个途径。

说到日本的女性，这次展览还展出了一幅《紫式部日记绘卷断简》，记载的是日本古代著名作家紫式部关于小说段落创作的书法绘画作品。她传世的最为著名的小说就是《源氏物语》。

《源氏物语》是日本的一部古典文学名著，对日本文学的发展产生过巨大影响，被誉为日本文学的高峰。作品的成书年代至今未有确切的说法，一般认为是在1001年至1008年间，因此可以说，《源氏物语》是目前世界上最早的长篇写实小说，在世界文学史上也占有一定的地位。

这部近百万字的小说描写的是日本平安朝时期，主人公源氏的生活经历和爱情故事，类似我国唐代的传奇、宋代的话本故事，但行文典雅，极具散文韵味，加之书中大量引用汉诗、《史记》等中国古籍史实和典故，因此读起来具有浓郁的中国古典文学气氛。

日本古代和中国一样，是一个男尊女卑的社会，女性识字率并不是很高。但就在那时，日本女性正相反，识字率非常高。

为什么会有这个现象呢？在古代的时候，如果丈夫要到外地去做官，妻子是要留守的，留守的要求是要看书写字，学习文化，尤其在平安朝的时候，就出现了一种妻子文学。很多女性识字后，开始有能力去创作，《源氏物语》的作者就在平安朝时代创作了这部经典名著。

在日本的文学中，有一个表现纯粹的人的感情的空间，从很早的日本文学里就能看出来，有点像我们中国的《诗经》时代。《诗经》上"氓之蚩蚩，抱布贸丝。匪来贸丝。来即我谋"，就是讲一个普通女子对一个男人的感受、感想。但中国到儒家一统形成了以后，有了一个道德的框架、体系以后，这些东西就没有了，女性完全成为男权社会的一个附庸了。而在日本社会却有一个空间，女性可以用文字书写的方式来表达她的一种情感，包括写书信等，有了这样一个空间，就有可能去进行长篇创作。

紫式部日记绘卷断简

紫式部是日本女作家。紫式部日记主要记述作者任女官时的宫廷生活、所见所闻，如宫仪庆典，以及宫中女官的容貌、才华和性格等

日本女性除对文学的这种贡献外，中国人非常了解的歌舞伎也离不开她们。在这次扶桑之旅展览中，他们带来了一个屏风。这个屏风就是歌舞伎的一个场景，其中舞台正中站着的这位女性，可以说是歌舞伎的创始人，她叫阿国，是出云大社的一个巫女，她在表演。这幅屏风非常有名。屏风内容表现的是一个当地纨绔子弟恶少跑去搅局，被阿国给骂跑了。歌舞伎在日语里最原始的意思是个动词，就是走路倾斜，用现在的话讲是东倒西歪，就是跟正常人不一样，而且奇装异服打扮奇怪，可能在当时那个社会，还带有一种前卫性和颠覆性的含义。

总之，日本文化中，日本女性占了很大的一个部分，很大的一个空间。虽然单纯从经济角度来判断，日本妇女和中国妇女一样，在封建时代的地位是不高的，但是从她们的这种精神自由度上来说，某些方面可能保持自由，或者至少是空间，比如在文学创作领域，在一些艺术领域，日本妇女拥有比我们古代女性大一些的空间。

其实不论文明来自何方，像汉文化东渡到了日本，在那块土壤上生长发展之后，就形成了两个国别之间不同的文化风格，不同的艺术风格。其实融合和发展之间虽说有源，其实更在于流，有源有流，才有可能最终汇于江海。我们对文化的审视，也就是我们的目的所在，是去尊重文化，发现文化的源头，让文化能够丰富我们当今时下的生活，让它发展得更有力量，更加持久，这是不论国别，不论民族都必须尊重的事情。

博物馆的爱好者

陈文清是财务咨询顾问，张勇是做建筑设计的，这对夫妇的工作都跟博物馆没有任何关系，但他们却是博物馆的爱好者，他们俩的业余爱好就是到处参观世界各国的博物馆。他们走过的国家大概有30个，一个国家就算看3个，那也将近100个。但实际数字远远不止这些，比如华盛顿，他们就看了大概10个或者8个博物馆。30多个国家，上百个或者几百个博物馆的参观经历，真是让人羡慕。

他们有一些特殊的纪念品，那是他们在旅游期间收集的门票和其他旅行纪念品，都跟旅行有关，包括车票、参观票，装订成册，有七八本吧。比如马赛公共汽车票、布鲁塞尔地铁票、罗马国家博物馆门票、罗马古城堡门票、比萨教堂门票，还有罗马斗兽场门票……众多门票，有着各种各样不认识的文字，各种各样奇妙的图案。他们回来后就得写一些小条，贴到那些门票底下，要不然回头就忘了。也有一些地方，由于的确不认识那些文字，他们会在那些地方标注一下。

在他们的记忆中，什么样的博物馆会让他们觉得很不一样、很有趣、印象很深呢？

陈文清："在美国西海岸的西雅图有一个很有名的博物馆，它的名字叫作实验音乐项目。这个建筑物本身就是一个特别现代的建筑，超出普通建筑的那种直线形。"

张勇："它把很多吉他，大概有100把吉他，全部粘在一起，粘成了一根吉他柱子，这就成为一件展品。各个时期的流行音乐家，几乎每人都有一个展厅，讲他们的历史，包括在他们身上曾经发生过些什么事。"

陈文清："第一层是展示这些过去著名音乐人的服装作品。第二层有一个可以让你自己去互动学习音乐的空间，其布局是有很多小的像录音棚一样的房间。在每个录音棚里面，或者向观众讲述音乐的一个元素——节拍、音高、旋律，或者给观众介绍一种乐器。每个小房间都是透明的玻璃罩，进去之前就可以知道自己在这个房间可以做些什么，也可以看到里面的游客，不同年龄段的人在跟技术比较先进的电子音乐器材互动，有的人在学弹吉他，有的人在学敲鼓，有的人在通过触摸屏的提示来掌握为什么不同的节奏带给人的音乐的感觉会完全不一样。第二层就是一个纯互动的空间平台。"

张勇："音响师是怎么工作的？全是游客自己在那儿动手创造。"

这个有趣的博物馆让人联想起美国华盛顿的一个新闻博物馆，它包括一个名叫电视新闻的部分，馆里设了演播室，游客中凡是想去当主持人或是想尝试去做新闻的人都可以进去，坐在那儿就可以开始主持节目。有人拍摄，有人切换，能提供给观众主持节目的一段东西，帮助他学习掌握。

陈文清："那个音乐博物馆的二层在一个角落，确实有一个可以自己录制唱片的地方，是一个真的录音棚，真的给你录作品。它提供几首供选择的歌曲，都是美国最流行的也就是脍炙人口的歌曲。观众进去后可以自己唱一首，拿一张自己的唱片走。它是一个很互动的音乐题材博物馆，挺有新意的。"

这种类型的博物馆会让人觉得特别亲近，因为我们传统的博物馆只是摆放一些珍贵文物，我们隔着玻璃柜看一眼就走开。我们之前以为博物馆只能是这样，只能看文物，实际上取决于咱们具体的生活方式。某一个艺术门类或者是某一个工艺过程，总之我们身边的东西，只要有心，都可以把它做成一个博物馆。

陈文清："看过的东西，你可能只能记住20%，但是如果自己亲身体验过的东西，可能记住50%，会留下更深刻的印象。"

显而易见，这是互动博物馆的好处。除了互动，还有什么是让他们觉得特别有意思的博物馆呢？

张勇："当年有一个法国人，最先登陆加拿大东部，当时他的船到了那儿后发现什么都没有。他们要自己做饭，种地，建房子，然后做家具，后来他建立了一个城堡。这整个一套过程就在那个城堡里头，每一天都在模拟演给游客看，他们200年前怎么过日子，所有这些当年的事情都可以看到。我们还能看见有人织布、绣花，有些人在那儿酿酒。那些人坐在屋子里就干他的工作，游客也不用打扰。反正游客愿意照相就照相，愿意跟他们交流就跟他们交流。每天早晨一次，下午一次，类似一种军队式的训练，就有人到那个城堡上吹着号，然后喊着口令，把那些工人集合起来，扛着枪，真是那时候的枪，到城堡上操练一番。操练完了以后有一个仪式，就是站上一排人，开炮、开枪。拿着枪对着空场，一声令下然后就'砰'一声。枪因为都是老式的枪，同时就冒出一股烟儿来，特别逼真！"

陈文清："作为一个游客，我可以在这个村子里待一天，就像我也在这个村子里生活一样。我上午在这个地方碰到这个人正在织布绣花，下午他到朋友家里去跟朋友下棋。你会在不同的地方看到同样的人，会发现他们是在这儿生活，这就是一个真人再现型的博物馆。"

张勇："这种参与感真是挺好的。比如我就设想在北京的琉璃厂，人们穿上那种中式的衣服，就在那里遛一遛。比如说帮他们站个柜台什么的，可能挺有意思的。"

陈文清："我们在挪威首都奥斯陆还参观了一个挪威的民俗博物馆。

这个民俗博物馆更像是一个露天开放型的民俗建筑的荟萃地。它们那里有一种明信片，图案就是很有特点的木板教堂，很有东方味道。"

陈文清："这个博物馆是一个活生生的展品，是一座建筑，站在那儿单纯欣赏，印象也很深刻。"

虽然陈文清是和张勇一起去参观这个博物馆的，但她因为喜欢，去了不止一次，她在明信片背面给他留下了这样的文字：

在阳光明媚的春天，那青青草地上，有一个穿着白纱裙的新娘和那个微笑的极美的新郎。古老的教堂用钟声欢庆他们的结合，让分隔天涯的你我共此春光、共此青春、共此一生。爱你的文清，1997年春天。

陈文清："可能是在和他一起去之前吧，因为我在那边读书，我自己先去过。应该是这么一个情况。"

这真让人一下就觉得，参观博物馆有了另外的意味，就是又多出了人生和情感的意味。多年之后，当你回忆起这个地方，你会想到当时的情景，想到当时的心情，然后想到两个人走过的一辈子，那是多么美好的一件事啊。

陈文清："说起这个'共此一生'，我们俩结婚之后，确实一起去了很多博物馆。"

看来这夫妻俩都特别有经验，现在越来越多的中国人在"五一""十一"选择出门旅游，那么他们有什么好方式，能更经济实惠、更有效地看博物馆呢？

张勇："我自己觉得需要稍微先做一点功课。第一点就是起码你得先知道开放时间。因为很多博物馆，比如说巴黎，星期一大部分博物馆都闭馆。另外一个呢，就是知道怎么省钱，一种是可以买3天的通票或者5天通票；还有一种就是每个星期都会有一天，比如星期四的下午或者星期三晚上，展览时间会延长，比如延长到晚上9点；再一个可能，这段时间也许是免费的，如果你能正好赶上这段时间去看你特别想去的博物馆，就能节约不少开销。还有一个看博物馆的技巧，就是去一个博物馆之前，先知道这个博物馆里最重要的展品是什么，这是第一；再一个就是它们都在哪儿。如果你知道蒙娜丽莎在哪儿，胜利女神在哪儿，维纳斯在哪儿，这种时候你就很有目的了，可以有重点地先把这几个看完，然后有时间的话再去看其他的，这种效率就比较高。"

这么多年，逛了这么多博物馆，给他们的生活究竟带来些什么呢？

陈文清："我觉得简单而言就是丰富了人生阅历。"

张勇："潜移默化了对修养的培养。"

除了国外的，他们还去过国内不少博物馆。

陈文清："国内的，主要是去看以文化古迹为主的博物馆。据我所知，北京大概有150座博物馆，我们去的都是最最有名的。如果有机会的话，我们还是愿意再去体验。"

张勇："很希望能参与到博物馆之中，比如她就在做博物馆的义务讲解员。"

陈文清："在博物馆做志愿者讲解员的工作，每次都有来参观的观众对博物馆的展品提出不同的问题，这对我本身也是一种提高。"

之前我们听说过有很多做义工的人，大部分是去照顾孤儿或者是去福利院看望老人，去博物馆做义工的人，还真是比较少见。看来，博物馆对他们生活的影响不仅仅是对修养潜移默化地提高，更是直接影响到他们的生活方式了。